寻找中国

我的女孩和男孩，
在那些过去的岁月里，你们在大运河的
沿岸度过了很多快乐的时光，谨以此书
献给你们。

ON THE BANKS OF
THE GRAND CANAL

［英］米范威·布莱恩特 著

周舒艺 译

李辉 主编

运河人家

海天出版社（中国·深圳）

触摸历史，在别人的亲历中

——"寻找中国"丛书总序

我爱藏书，尤爱收藏西方人所写关于中国的书。站在书架前，一本本中国亲历记，排列成行，穿过百年云烟，与我面对。

岁月沧桑，一代又一代西方人走进中国。传教士、探险家、旅行家、考古学家、商人、外交官、记者、作家、画家……每个人都有自己的中国想象，每个人都有自己的中国故事。他们伴随中国历史前行，甚至参与中国历史的创造。种种不同的体验与叙说，让曾经神秘的中国，渐渐变得清晰，变得具体，变得不再陌生、不再遥远。

走进中国，发现中国，是西方人的亲历记，更是中国融入世界的行程。

最初走进中国的西方人中间，影响最大的无疑是意大利旅行家马可·波罗，他在中国生活将近20年。大约在1271年启程东方时，他当然不会想到，会是他写出第一本亲历中国的书。研究马可·波罗的西方学者发现，在中国游记中，马可·波罗最爱使用的一个形容词是"伟大"。毫不奇怪，一个来自地中海威尼斯的旅行家，走在杭州、苏州……一个个江南重镇的繁华，必然留给他深刻印象。他不止一次来到长江边，注目滚滚而去的江水，发出如此感慨："这条河流流程如此之长，穿过了如此多的地区和城市，江中来来往往的船只是如此之多，运送的财富和货物是如此之多，实际上比基督教世界所有河流和海洋加在一起还要多！"马可·波罗到底是位意大利人，天生具有与众不同的浪漫。他以艺术家一样的浪漫，渲染着中国印象。在风靡一代又一代的游记中，他呈现的是一个辉煌、壮观、充满诗意的东方古国。

在马可·波罗之后，更多西方人追随他相继走进中国。

最早、最大的一个群体，是纷至沓来的传教士。

著名的利玛窦走进中国。他也是意大利人，成为最早在中国获得永久性居住权的传教士之一。这位耶稣会的传教士，为了赢得中国人的信任，第一个穿起中国士大夫的服装。他掌握数学和天文学知识，能绘制地图。他很乖巧，或者说他很能理解和迎合中国人的观念，他绘制的一幅世界地图，就把中国标在中央位置。

著名的汤若望也走进中国。这位德意志耶稣会的传教士，在北京城观象台的房子里，观天象，研习历法。汤若望颇受清朝顺治皇帝的青睐，他向顺治皇帝进呈自己制作的浑天星球、地平日晷、望远镜，这些西洋物令人耳目一新。汤若望成为宫中常客。在顺治皇帝眼里，这位西方人真像一部活字典，上知天文下知地理。汤若望被委任为钦天监监正，并赐二品顶戴，是最早在中国宫廷中担任要职的西方人。在17世纪英国出版的关于中国的书籍中，顺治皇帝出现在插图中，他被说成是"欧洲化的皇帝"。

商人几乎伴随传教士联袂登场。大海上，商船来往穿梭，运来西方的香料、珠宝，运走中国的瓷器、茶叶。随之，矛盾与冲突，战火与侵略，不可避免地发生。从此，一个曾经被马可·波罗高度浪漫化的中国，一个长期自尊、自大、封闭的古老帝国，在东西方观念的冲撞中、在现代与传统的相互渗透中、在开放与封闭的替换中，开始了艰难痛苦的历史行程。

这是一个漫长的行程，为走进中国的西方人，提供能够发挥他们各自作用的历史大舞台。舞台之上，戏剧上演，不同主角轮流亮相，各显身手，各领风骚。

19世纪后半叶，随着电话、电报、报业、出版业的突飞猛进，随着航运、火车、航空的革命性变化，世界对中国的关注越来越多，走进中国的西方人也越来越多。于是，世界各国关于中国的图书出版，渐趋潮流。那些走进中国的西方人，具有得天独厚的条件，他们的目击、回忆、叙述，使得他们成为最好的作者人选。他们生活在中国，旅行在中国，时间或长或短，介入的领域互有差异。无论如何，他们俨然已是中国社会的新面孔，已是民众日常生活的一部分。他们走进中国，你中有我，我中有你，难分彼此。正因为如此，他们的亲历记，完全可以看作是中国历史行程本身不可或缺的一部分。

叙述中国故事的这些作者，身份不同，经历不同，却以笔下的记录、老照片、绘画等，留存百年之前中国的方方面面、点点滴滴。中国之行，带给他们的新鲜感总是令他们难忘，灵感呼之欲出。他们的笔下，中国人与社会生活的相互交融，中国人与山川万物若即若离的对应关系，得到不同形式的叙述。

在别人的亲历中，我们可以触摸中国历史——
人物，故事，场景，细节⋯⋯

转眼百年，诸多景象已经消失，社会生活的
变迁也远远超出我们的想象。我想，何不策划一
套"寻找中国"翻译系列，让我们在百年之前的
作品里，重温远去的场景；在诸多生活细节里，
感受不一样的世界。对于今天而言，诸多场景早
已成为历史。不过，在他们描述的故事、人物、
场景之中，我们可以远望百年之前的中国，如何
渐渐由封闭走到开放，由传统走向现代，由一个
农耕社会步入工业化社会。这些回忆文字，辅以
大量老照片和绘画作品，可以使我们对历史远景，
多一些感性认识，多一些不同角度的切入。

非常感谢海天出版社诸位同仁的厚爱，同意
将"寻找中国"丛书纳入他们的出版计划。

感谢参与翻译的各位译者。这些译者，有的
认识，有的未曾见面，他们却以极大热忱参与这
个系列的翻译。

非常高兴能有机会将"寻找中国"丛书呈现于各位读者面前，希望你们喜欢，更希望你们提出不同建议，以求把这套系列书做得更好。

一本书，一双眼睛。一本本书，一双双眼睛。目光所及，中国的山川风物、风土人情、生活演变、时代变迁，跳跃不停，呈现复杂、丰富、独特、差异的历史景象。

于是，在别人的亲历中，我们触摸历史。虽已遥远，依然清晰……

李　辉

2017年10月26日，写于北京看云斋

触摸历史，在别人的亲历中

译者序

刚从李辉老师手中拿到这本书的原著时，我就一下子被书名吸引住了。

书名 *On the banks of the Grand Canal——A story of the North China Plain*，直译为"在大运河的沿岸——一个有关中国华北平原的故事"，顾名思义，这本书与世界文化遗产、中国最伟大的河流之一——中国大运河有关。而我的家乡扬州，也与这条河流有着密切的关系。2500年前的春秋时代，吴王夫差修邗沟、筑邗城。邗城就是今天的扬州城，邗沟，就是大运河最古老的一段。我是喝着大运河的水长大的，对大运河有着深厚的感情。所以，当看到一本与大运河有关的书时，我怎能不欣喜？

紧跟欣喜而来的，是好奇。作为世界上里程最长、规模最大的运河，大运河由南向北，流经浙江、江苏、山东、河北、天津、北京等多个省市。我所熟悉的，仅仅是华东平原上的这一段大运河与沿岸的生活，那么，华北平原上的那一段大运河是什么样的情形，沿岸的人们过着怎样的生活，与华东平原上的这一段又有什么不同，对此我并不很了解。这本书，恰恰让我有了了解的冲动，并给了我一个了解的机会。

人与人之间存在缘分，人与书之间其实同样存在缘分。我与大运河的天然的渊源，便造就了我和《运河人家》这本书之间的缘分。我想，这也许正是李辉老师希望能够由我来翻译这本书的原因之一。

带着欣喜与好奇，跟随着作者的笔触，我开始了一段有趣的翻译旅程。这本书出版于20世纪30年代的英国，讲述了距今八九十年前，中国大运河沿岸华北平原上生活着的人们的故事。书中的主人公，是生活在教会院子里的基督教教徒李先生一家，通过李家人的活动，呈现出那个时代里普通中国人的面貌，中国家庭的日常生活情形，以及当时中国的社会风貌、民间习俗等。

颇为令人遗憾的是，关于这本书的作者米范威·布莱恩特（Myfanwy Bryant），我们所能知道的信息太少。各类历史资料中有关她的记载几乎没有。她在历史上并非一位有名的人物，似乎也没有写过什么其他的书。从书里我们能够判断的是，她曾于20世纪二三十年代来到中国，并在中国生活过一段时间，本书所写的即是她在中国期间的亲历见闻。还可以确定的是，她与伦敦传教会（London Missionary Society）有密切的关系。原书的扉页上就印有"London Missionary Society"的字样，可见，原书的出版与伦敦传教会密切相关。建立于1795年、总部设在伦敦的伦敦传教会，从19世纪起，就在中国华南的广州、香港，华东的上海、南京、厦门，华北的北京、天津、河北等地传教。另外，在原书正文开始之前，作者特别指出，"本书插图照片由埃文·

布莱恩特提供"，在有限的资料里，我们查询到，埃文·布莱恩特（Evan Bryant）是晚清时代一位来自伦敦传教会的传教士，但是我们仍然无法确定他与米范威·布莱恩特之间的关系，从名字上看，两人很有可能是亲属关系。总之，本书作者米范威·布莱恩特及这本书的写作、出版，与伦敦传教会的传教活动密切相关，这应当是一件毫无疑问的事情。

作者的身份问题，似乎并没有给我们阅读这本书带来太多的困扰。对于这本书，我们真正感兴趣的是，它让我们看到那些在中国这一古老的国度里所独有的事物。作为一名外国人，当他来到一个新的国度，书写这个国度的时候，往往会写下这个国度里所独有的东西。因为这些东西，与他自己国度的文化是如此的不同，它们才会让他感到最有意思、最难忘，才是这本书所面对的他自己国度的读者想要读到的内容。《运河人家》一书同样如此。书中所写的事物，代表了那个时代的中国，构成了彼时的中国社会，有些甚至到今天仍在延续。它们让我们重拾已被熟视无睹的日常生活，重新审视自己的身份，再次思考"何以中国"。

于是，在书中，我们看到了中国大运河。人类的命运总是与河流紧密联系，人类的故事往往都是从河流开始。本书也不例外，以"大运河"作为全书的开篇第一章。与世界上其他所有伟大的河流一样，大运河承担着交通运输的功能，也灌溉着沿岸的农田，带来了沿岸村庄的繁荣。但在相同中却也有不同。比如，书中描述到，华北平原上的人们，用一个柳条编成的、固定在两条绳索上的篮子，将水从河里"打包"到堤岸顶部的水池中，再由这里流到农田之间的渠道里，从而浇灌农田。这个细节，让人认识到小农经济下的中国人，在农田灌溉方面特殊的智慧。

我们看到了春节。在这个中国传统农历新年里，一切是多么热闹。新年第一天的一大早，全家人会坐在一起吃饺子，然后穿上新衣服。正月里，大街上有热闹的舞狮表演，乡村里有热闹的踩高跷表演。正月十五的元宵节，则是灯笼的盛会，街上到处是灯笼，孩子们手中拿着点有蜡烛的传统花灯……好一幅独具特色的中国传统民俗画卷。直到今天，春节仍是中国最重要的传统节日，一些传统风俗仍然保留着。春节，已成为中国传统文化最具代表性的符号之一。

我们还看到了中国独有的游戏——抽陀螺、踢毽子，看到了中国独有的小吃——"如同公牛眼睛一般硕大"的糖葫芦，看到了中国独有的制造业——盐的淘洗、研磨和买卖，看到了中国独有的民间绝技——转碟、吞剑，看到了中国独有的市集——喧闹而充满欢乐的庙会，看到了中国独有的葬礼——将纸制品烧给逝去的亲人……

关于这本书，另一处让我们感兴趣的地方是本书所立足的时代背景。如果说，"中国华北平原"这一地理概念是横轴，确定了本书内容的空间特征，那么，"20世纪二三十年代"这一时代背景就是纵轴，确定了本书内容的时间特征。只有将横轴与纵轴相结合，我们方能完整、准确地理解书中所写内容。20世纪二三十年代的中国，一方面，传统中国的很多东西大量地存留着；另一方面，西方文明已经进入中国。在时代的洪流中，中西文明之间发生着猛烈的碰撞，碰撞的结果，有融合，也有冲突。

比如，书中写到一位充满爱国精神、正在进行慷慨激昂演讲的中国人，他已经认识到西方科学技术的力量，他为祖国的落后而痛心，他想要改变中国。他认为，应建立设有现代学科的新式学校，并通过现代的放映设备——这个在场的中国人都没有见过的新东西，向人们展示着与中国传统耕作模式迥异的现代农业模式。他提出，在中国也可以利用机器来提高粮食产量。

再比如，书中的主角李氏一家也很具代表性。男主人李先生既是一名生活在乡村的普通中国人，也是一名已经接受了西方文明的基督教徒，所以，他的思想观念、言行举止与生活在传统社会里的中国人，已经有了明显的差异。这些在他对孩子们的教育上，表现得尤为明显。李家共有三个孩子，两个女孩和一个男孩。千百年来，在中国，女性的地位低，她们被迫从小就缠足，不能接受教育，毕生只在家中从事家务。但是，李家的两个女孩不仅没有缠足，而且上了学，她们上的是新式学堂，接受的是新式教育。她们的理想不是一辈子待在家中，而是走上社会，成为职业女性——姐姐想成为医生，妹妹想成为教师，她们要做对社会有用的人，能够帮助别人的人。李家的另一位家庭成员，寄住在他家里的孩子们的表哥平安，则渴望将来去大城市，在商行里找到一份工作。为此，他甚至认真地学习英语。后来，平安去了天津从事机械方面的工作。西方文明的进入，不仅影响着人们的思想，也改变着中国社会的面貌。在上海、天津等大城市，一些现代化的工厂出现，机器替代了手工制造，纺织业等现代产业兴起。于是，像平安这样的年轻人，开始进入现代工厂工作。

融合之外，也有冲突。比如发生于19世纪末20世纪初的著名的义和团运动。这种冲突，既有一种文化对另一种异质文化进入的天然抵制，更有遭受了西方列强入侵中国，被屈辱、被欺凌后的反抗及民族情绪高涨的强大推动。

本书在翻译过程中，一方面严格按照作者的原文进行翻译，尊重作者表达的原意；另一方面又考虑到汉语与英语之间的语言差异，一些语句在保持原意的基础上，力求其表述方式更接近中国读者的阅读习惯。感谢李辉老师的信任和督促，让我有机会走进20世纪二三十年代华北平原上的"运河人家"，让我有了一段虽然不易却收获满满的翻译旅程，让我的社会角色从此以后又多了一个"译者"。感谢海天出版社为这本书的出版所付出的点点滴滴。希望读到这本书的读者们，能够喜欢这本书，能够从这本书中得到些许的收获——对于一个译者来说，这就是莫大的快乐与鼓励。

周舒艺

目　录

第一章 大运河

花开啦！船来啦！

河流解冻了！船正在驶来！

开春温暖的一天，当河岸边的人们看见这个春季的第一批船时，好消息一传十、十传百地传播开来。漫长的冬天结束了，大运河重获生命——这条河穿过广阔的华北平原流动着，最后抵达距离繁忙的天津港不远处的大海。先是一艘在微风中展开了帆的船出现在眼前，接着另一艘出现了，再接着是一艘连一艘连续地出现，它们匆匆忙忙的样子，仿佛是为了弥补那些失去的时间。

"你这是要上哪儿去？"一个人在岸边大喊着。

"去港口。"船夫回答。

"你船上都载了什么东西？"另一个人问。

"棉花。"船夫回答。

现在这艘船正在靠近运河里的一个大湾处，那里的水流很急。撑篙缓缓出现，有着柔软的身体和发达手臂肌肉的苦力们，正沿着狭窄的甲板牢牢地弯曲着身体，从一端走到另一端。他们边用篙撑船，边快活地唱着歌。

对面的岸边，十个胳膊和肩膀上缠着绳子的健壮男人，正沿着拉船道吃力地摇晃着前行，他们迎风而上，正拉着一艘装了很多货物的驳船。他们逆流而上，艰难地移动着，船上满载着装油的锡罐——这些油会被运往内陆。在他们身后，又有六个男人正拖着另一艘沉重的船，船上装着动物的骨头，这些骨头将被卸到岸边的地面上，用作农田的肥料。这时，后面跟上来一只木排，上面装着被固定在一起的木材。

大运河上的木排

木排逆流而上，将被划到离这里不远的一个大城镇。接着，过来了一艘由一个人拖拉着的小船。船上装着一口棺材，棺材上放着一只柳条编织的轻巧篮子，里面有一只活公鸡。因为公鸡的啼鸣将引领死者的灵魂，这样，他的灵魂就不会在去往家族墓地的路上迷路。

　　又来了一艘客运船，这是一艘固定往返于海西镇和天津港之间的客船。低矮平坦的船舱里，男人、女人和小孩挤在一起，他们坐在自己的行李上，那些行李主要是大件的铺盖。在那里，他们坐了两天两夜，快乐地聊着天，时不时讲些笑话，吃点东西，在灼热的太阳下打瞌睡。舱内的条件很差，但他们都不在意，因为这种方式的旅程价格极其便宜。在落日的余晖下，看到这样一艘客运船航行在大运河上，任何人都会认为中国人是一群脾气非常好的人。

除了担负交通运输功能外，大运河还有其他的作用。大运河在这片开阔平坦的平原深处蜿蜒前进，它浇灌了沿途每一块农田和菜园，这些农田和菜园里生长着洋葱、大蒜、莴苣、大豆、卷心菜、红薯、茄子和多汁的甜瓜。顺着河岸放眼望去，经常会见到一些男人在沿岸的地里长时间吃力地晃动，他们正以"打包"的形式将水从运河里舀出来，浇灌他们的菜园。他们预先会在堤岸的顶部挖好一个水池，水先

将水从河里"打包"运到上面的田里

被收集到这里，然后再流进与一块块农田连接的渠道里。舀水的过程是这样的：两个强壮的男人拉动一个由紧密的柳条编织而成、固定在两条结实的绳索上的篮子，以一个稳定的或是摇晃的动作，将水从河里"打包"到水池里。伴着"嗖嗖"声，水随着篮子的翻转，和篮子里的其他杂物一起被投进上面的水池里，然后，

　　　　　　　第一章　大运河

篮子再一次回到河里。干涸的土地靠喝着这样得来的水获得了生命，农作物的收成有了保证，农民也收获了所需的粮食。这些村庄的繁荣兴旺，很大程度上依靠着大运河。

当然，河水给河岸边带来繁荣的同时也会带来灾难。

夏季来临，雨水从地势较高的上游流下来，那时运河的水上涨得很快，严重时会引起人们的恐慌，唯恐水淹没了堤岸。如果镇子上的主政者和乡绅长辈目光比较短浅，不重视修护堤岸的话，那么遇上洪水暴发，上涨的河流很可能会淹没四周的村庄，不仅会冲走庄稼，还会冲走房屋。

通常，水情的变化情况是会被非常小心地监控的。紧挨着堤岸堆积有大堆的泥沙，这正是为了预防决堤，以备万一需要的时候派上用场。有一年夏季，水上涨得很慢，看守堤岸的人就放松了警惕，他们枕在竹竿上休息，渐渐地睡着了。然后，突然有人喊起来："水涨上来了！"他们立刻惊醒。此时太阳已下山，人们提着点亮的灯笼，慌张地冲向堤岸，上上下下。他们很害怕，唯恐上涨得越来越快的水会越过堤岸顶部，冲向农田和菜园。人们密切地观察着，奔跑着，大喊着："水快到顶部了，快点，把堤坝堆高。"最终，水停止上升，令人恐惧的危险过去了，庄稼得救了。

夏季涨水期时，河岸上疲累的护坝人

一天又一天，船来来回回地通行着；一天又一天，从早到晚，农民灌溉着他们的菜园和农田。春天走了，夏天来了；夏天走了，秋天来了。然后，船只再度变得匆忙起来，它们要在冬季河流长达三个月的结冰期到来之前，停泊在一个安全的码头。大多数船只会安全地到达自己的港口，但是也有零零散散的来迟的船只被冻在河中，它们必须待在那里直到霜冻结束河流再度通航的时候。

虽然河流有漫长的三个月的结冰期，但是船夫们不会闲着，这三个月正是检修船只的时候。船夫们会修理船只的每一个裂缝，以便到了"雪精灵"松开它攥紧的拳头时，船只能够适航。尽管冰冻很严重，但是头顶上的太阳很灿烂。沿着大运河的河岸，你会看到许多船只被上下翻转过来，人们正忙着洗刷船只、用焦油涂抹船身。他们干活时，身边会放一只篮子，篮子里面有棉絮做的衬垫，上面放着一个大茶壶，茶壶里装满了享誉国际的饮料——热茶，繁忙的工人时不时地喝一碗，用它来解渴。

叫喊声又一次传来——"河流通航了，船过来了！"对于大运河沿岸的城市、乡镇和村庄的居民们来说，又一个安宁而繁荣的年份到来了。

离大运河不远的地方，有一处教会院子，也是李氏家族的家。

这本书讲述的就是李氏一家人和他们的朋友的故事。

第二章　夜半钟声

晚上十点钟，是教会院子的午夜了。守门人已经完成了他的常规巡夜，敲响了锣，告诉人们现在是睡觉的时间了。两扇大门，一个在院子的北边，另一个在东边，都被锁上了。屋里的灯熄灭了，孩子们很快入睡了。

突然，教堂洪亮的钟声穿透安静的空气，在靠近北门的地方响起。孩子们被那不寻常的声音吵醒，他们擦着惺忪的睡眼，坐起来。大大小小的孩子向前跑着，想要在寂静的夜里找到钟声的来源。很快，人们发现——"那是一场婚礼！"人们迅速地赶往礼堂，他们在礼堂的长凳上找到座位坐下，等待着婚礼开始。

前面，右边，新郎李先生安静而庄重地坐着。他穿着一件蓝色的棉质长袍，外面罩着一件黑色的无袖背心。伴郎就在他身边。大门打开，一位穿着长袍、戴着头巾的传教士走进来，他将主持这场婚礼。

大门又一次打开，所有的人都转过身来望向新娘。她以一位皇后般的庄严，缓缓地走过过道。她穿着一条丝绸裙子和一件短上衣，一条粉红色的围巾盖在她的头上。伴娘陪伴在她身边。

在那张雕花橡木桌前，新郎和新娘在一个基督教婚礼中结合了，他们承诺，无论发生什么，都会爱着对方，他们将会向世界呈现一个基督教徒家庭应有的样子。

李氏夫妇将住在教堂隔壁的房子里，房子离教会院子非常近，并且能看见大运河。

后来，一个女婴降生了，为这个新家庭带

来了喜悦。他们给她起名为"天喜"——意为上天降临的喜悦。

尽管是个女孩，但是这个小小的孩子从她出生的那天起，就被爱和关怀包围着。她是一个快乐的、容易满足的孩子，当她的妈妈忙碌的时候，她会安静地躺在那张炕上睡上好几个小时，她被紧紧地裹在漂亮的彩色被子里，头枕在那个小小的稻草枕头上。她的奶奶也非常疼爱她。

每个周日，戴着华丽丝绸童帽、穿着漂亮衣服的小天喜，会被她的妈妈带到教堂。在好奇地四处张望之后，她会安静地睡觉。天喜不需要用糖果和花生哄逗以使她安静下来，也很少需要被带出去玩。她是一个模范宝宝，是父母的骄傲。

几年后，天喜的妹妹出生了，她被起名为"天贵"——意为上天降临的珍贵。李家两个女孩飞快地成长着。天喜是个顽皮的孩子，天贵则是害羞腼腆的。当感到快乐时，她们可以四处跑动；那个曾经给无数中国小女孩带来痛苦的糟糕习俗——缠足，并没有成为她们的命运；对于她们来说，虽然没有"金莲"，但是有天然的双足和健康的自由。

两个女孩的大表哥平安也住在李家。他是个来自乡村的强壮的年轻人，充满了活力，但这常常让他陷入麻烦里。"平安"是他的学名，当平安还是个小孩子的时候，并不是叫这个名字。为了上教会学校，平安来到李家，和他们一起生活，李先生给他起了这个名字，平安非常喜爱这个名字。

平安是一个机灵的男孩，一个天生的演员，一个聪明并善于模仿的人，同时也是一个糟糕的爱嘲弄别人的人。曾经有几次，因为他那说话不留情的嘴巴，几乎把天喜和天贵弄哭了；

但他并不是故意要伤害她们的感情，所以很快就通过给妹妹们做一些柳条编成的玩具而获得了原谅。这些玩具当中，风车是最受欢迎的。

平安最好的表现是在圣诞节的时候，那时候学校里组织男孩们表演约瑟的故事①，他被挑选出来扮演主要角色。他滑稽的俏皮话和胸有成竹的演讲，让观众们大开眼界，观众们将他们热烈的掌声送给了这个大男孩，他值得拥有这些掌声。

---

① 《圣经》中的一则故事。——译者注

一名中国传教士正在售卖圣典，以治愈那些沉迷
于鸦片的人们。这是他自己画的图。

第三章　快乐的日子

　　一天早晨，李太太对孩子们说："你们去看看铜锅匠在不在。有一个饭碗需要修补，还有两个杯子。我们竟然弄坏了这么多东西！好吧，没关系，胡师傅是个厉害的人，他会把它们修补好的。"

　　两个女孩手牵手出了院子的大门，四处张望门外宽阔的空地，这块空地将他们的菜园和教会院子的墙隔开。每天，在这块空地上是一派忙碌的景象，很多妇女时不时地经过，从街头小贩那里购买食品和各种零碎的东西。

　　"他在那里！"天喜喊起来，"他正忙着手上的活儿呢，瞧他脚边搁着的那些杯子和碗。"

当锔锅匠看见这两个小女孩时，他笑了。"今天需要修补什么吗？"他问。

"我们有一个碗和几个杯子破了。我们可以待在这里看你修理它们吗？"天喜说。

"当然可以，不过要等我修完这些小盘子。"

…………

"你们把所有的碎片都带来了吗？现在我们可以开始了。"

他是多么聪明啊，他把那些碎片黏合在一起！他先在碎片上钻一些小小的洞，然后，用手指将那些碎片拼在一起，再用特制的锔钉牢牢地固定住。就这样，那个破了的碗又能使用了。

"你的孩子长大以后也会干这一行吗？"天贵问。

"唉，不会的！"胡师傅回答，"他将来干不了这行。我孩子的眼睛几乎是瞎的。他可以挎个小篮子出门去帮他妈妈拾些柴火，但他是没法修理这些罐子坛子的。"

"你尝试过给他治疗眼睛吗？"天喜问。

"尝试过，我们用了很多方法，但是没有一个管用。我真害怕他的眼睛变得越来越糟。"

"你带他去过这儿的医院吗？他们在治疗眼睛方面很厉害，我听说，有一两个人的眼睛几乎已经看不见了，但是被完全地治好了。"

"实际上，"胡师傅说，"这件事情我曾经听说过一两次了。我知道那所医院里的人，他们看起来都是好人，医术也很厉害。但是他妈妈从没听说过这些事情，不相信。她不像我，每个星期来这里两三次，她不认识教会院子里的人，她更相信从本地人那里听来的一些愚蠢的事情。如果带着孩子去医院的话，她害怕医生会挖走孩子的眼睛。"

"多么愚蠢啊！"天喜说，"我得将你孩子

的事情告诉我妈妈，或许她能劝说你的妻子带着孩子去这家医院医治！"

谈话间，那些杯子已修补好了。

"三个，共十五分。"胡师傅说。

孩子们跑回去找她们的妈妈。

在路上她们迎面遇到了正出门的李太太。她在家听见卖布郎手鼓的咔哒咔哒声，想要买块花布给天贵做一件新衣服，所以就出门来找卖布郎。卖布郎就在那边，他正坐在手推双轮车的扶手上，车上高高地堆着成卷的布，有蓝色的土布、白色的棉布，以及印着有漂亮花朵的小树枝或者蝴蝶的印花布。李太太挑选布的工夫，天贵看见了挑着担子卖糖果的货郎。货郎有一个漂亮的货挑子——一根扁担横跨在他的肩膀上，扁担的两头各挂着一个大大的筐。除了糖果，筐里还有很多其他的东西。有小瓶的香水，小块的粉色肥皂，几绺用来扎女孩长辫子的彩色毛线，还有在鞋子上绣花用的各种色彩的丝线。

这些东西并没有引起天贵多大的兴趣。真正让她感兴趣的，是那些绿色的、黄色的，如同公牛眼睛一般硕大的糖葫芦——四五个抹上了糖的光亮的沙果，串在一根棍子上。天贵拉了拉妈妈的衣裙，把手指向那个卖糖果的货郎。

"妈妈，给我们买串冰糖葫芦吧。"李太太摸了摸她胸前的口袋，找到一些铜钿，"好，给你买一根，再给你姐姐买一根！"

"我们既然出来了，就再去一下木匠那儿吧，去看看你和你姐姐的两把小凳子做好了没有。"李太太说。

木匠棚就在附近。李太太和她的两个小女儿快到时，打远就看见木匠正在他的工棚外面破原木。他高高地坐在木凳上，锯一块木板，他的儿子坐在地上，拉着大锯子的另一头。

正在帮助父亲破一段原木的小男孩

"那些小凳子做好了吗，陆师傅？两三天前你可答应了孩子们的，现在我的女儿们正等着它们呢！"

"我们正忙着为那家医院的副楼做门和窗。"陆师傅回答，"不过您的凳子已经做好了，我拿给你们。"

他进了工棚里，不一会儿拿着一对凳子出来了。凳子被刷上了漂亮的颜色，发出光泽，天喜和天贵美滋滋地抱着凳子往家走。

李太太匆匆忙忙地先赶回家，留下孩子们自己玩耍。大约过了一两个小时，突然传来一阵大喊和奔跑的声音，原来是到中午学校放学的时刻了。男孩们和女孩们从他们的教室里鱼贯而出，踏上各自回家的路。

平安猛冲出来，几乎撞倒了天贵。

"作为一个表哥来说，平安真的很好。"天喜说，"但是我真希望我们有一个亲兄弟。"

晚饭后，李先生有了一点空闲的时间，于是他叫来天喜。"过来，让我听听你朗读。"他说。

天喜迅速地找到了她的读本，然后爬到父亲的膝盖上，翻开书，挑着念里面的汉字，并慢慢地翻着页。

"父，母，男，女"（即"爸爸，妈妈，男人，女人"）、"田野，风筝"，等等。每一个象形文字都是不同的，天喜知道，她必须先学会认成百上千的汉字，才能真正流畅地阅读文章。

但是，她为拥有那本每页都有一幅图片的识字本而自豪，她渴望着那一时刻的到来——她也可以去上学，就像她每天看见的那些孩子们一样。

李先生轻轻地拍着她的肩膀。"你将这些汉字记得非常好。"他说，"离你可以去上学的日子不远了。"

一天里最好的时候是傍晚，那时，一群男孩女孩以及天喜和天贵，会在一棵大树的树荫下玩耍。那些日子里他们非常快乐，他们玩着各种游戏。

没有人能像平安一样，抽陀螺抽得这么好。他用一根鞭子来抽打陀螺，呼——呼——呼！他发挥得好的时候，陀螺可以持续地旋转上一段惊人的时间。

有时候，平安也会加入其他一些男孩们的"敲棍子"游戏。游戏里，地上画着白色的线，

玩球

一根棍子被放在其中一条线的前面。第二个男孩将自己的棍子扔出，试着去击中第一个男孩的棍子。这个游戏看起来相当简单，但是需要非常多的技巧，一个聪明的男孩能赢得很多棍子——很大程度上，这和一个男孩赢得弹珠游戏是一样的。

刚开始，两个女孩和她们的朋友们正在观看男孩们的游戏，后来天喜提议来踢毽子。"太好了。"其他人热烈地回应，"我们来比赛看看谁踢的时间最长！"

每个女孩都有一只自己做的毽子——在一枚中间有洞的圆形铜钱币的上下各放略大于钱币的布，中间插一撮细小而柔软的羽毛。女孩一只脚站着，另一只脚不断将这只毽子踢到半空中。

"一——二——三……八——九——十！"

"我的掉到地上了。"其中一个女孩说，"没关系，重新来。"

"一——二——三——四……十一——十二——……十七——十八……二十二！看，我踢了二十二个！"

"……二十五——二十六——二十七。我比你踢得多。"天喜回应说。持续的练习，使她在踢毽子这件事上非常娴熟，她能够将毽子保持在半空中很长时间。天贵也喜欢这个游戏，但是她年龄稍小，不能像她的姐姐那样坚持很长时间。玩耍的过程里充满了欢笑声和玩闹声，在游戏中孩子们没有一点儿争吵。

日子一天天快乐地过着，转眼天喜六岁了，到了该去上学的时候了。对于她来说，这是一个自豪的日子。在去往学校的路上，她跟在父亲的身边走着，手中一直拿着那本珍贵的识字本。到学校后，天喜将会开始人生的新篇章，她已经成为一个上学的女孩了。

"你现在是个大姑娘了，天喜。"她的父亲说道，"你将会学到很多东西。"

起初，所有的东西都是如此奇怪和平静，但是，天喜很快就适应它们了。没用多长时间，对于所学到的那些新奇有趣的东西，天喜就已经完全地沉浸在惊奇和快乐里了。

第四章 "甘霖"

"姐姐，你看！我的花儿都死了，它们需要水！"天贵大喊起来。

"是的，"天喜回答说，"每天太阳都这么大，天上甚至都没有一朵云，所有的东西都在枯萎。你还记得去年在那边的棉花田——就是爸爸种下从南京买来的新品种种子的那块田里，我们所拥有的快乐时光吗？我们观察那些小小的棉花作物是怎样生长的！那些棉花从小小的黄色花朵慢慢长成一簇簇毛茸茸的纯净洁白的棉花，我们每天和妈妈、奶奶去采摘那些柔软的小球。那些日子多么快乐啊！但是，我想今年不会这样了。地这么旱，棉花苗这么小，到现在地里甚至还没有一点花儿。"

平安恰好过来，听到两个女孩的谈话。

"你们在说什么？是在说没有雨吗？是的，这次比三年前还糟糕许多。不仅是花儿死了，而且没有任何收成。田野里光秃秃的，没有印度玉米，没有大豆。我曾经看见有的男孩爬到树上，不是因为玩耍，而是为了吃树叶。他们实在太饿了，不仅去吃树上的叶子，还像猪一样挖树根。"

"天哪！"天喜说，"他们怎么能吃树叶和树根呢？"

"他们已经那么做了，他们没有别的东西可以吃。"平安回答。

"难道他们的妈妈不给他们玉米饼吃吗？"天贵问。

"当然不是。"平安补充说，"他们家里已经没有任何东西可以吃了。"

　　　　　　　　第四章　"甘霖"

"难道没有其他人给他们一些东西吃吗？"天贵继续问。

"不，是有一些人试着给他们一些食物，但是这场饥荒已经持续很多个月了，灾民数以千计。我记得，当人们听说教会正在分发食物的时候，人群就聚集在教会院子大门外，夜以继日地站在那里。他们中的一些人，只是希望得到一些谷物和大饼。即便对于我们来说，食物也是缺乏的，但是我们的情况比其他成百上千的人好多了。

"你们知道吗，饥荒如此严重，有些父母开始卖他们的小女儿了！"

"平安，"听到这里，两个女孩立刻说，"别再告诉我们这些了。卖掉自己的小女儿，这是多么可怕啊。他们难道不爱自己的小女儿吗？"

"不，他们非常爱自己的女儿，但是当没有足够的食物时，他们只能卖掉他们所能卖的，以得到钱。当他们已经卖掉家里所有能卖的东西，比如驴、鸡，然后，他们便只能卖掉他们的女儿。这是一件让人难过的事情，但是我认为这并没有什么用。"

"天哪！"天喜说，"假设有另一场像这次一样的饥荒，假设爸爸卖掉我们……"

"你们不用害怕，"平安继续说，"不管多么困难，他不会卖掉你们中的任何一个。所以打起精神来吧！"

"我们回屋吧，外面太热了。"天喜接着说。

就在这时，李先生和他从城里来的两位朋友——胡先生、齐先生进来了。他们也在谈论着这场已经持续了很久的干旱。

"你们知道这个城市的地方官，专门去了十五英里外的五龙井，向雨神做祭祀祈雨的事情吗？"李先生说。

"是的。"胡先生说，"刚才我们正沿着这条街走的时候，遇到了一支求雨的队伍。街道两边还垂挂着柳树枝条，纸做的横幅穿过街道飘荡着，上面写着祈求老天下雨的大字。"

"我也听说了。"齐先生接着说，"地方官还从城里选了两个人，派他们到咱们省西部一个遥远的地方去请出保存在某口井里的一块小铁牌。他们说，当这块牌子到达这里的时候，就会下雨了。事实上，井里的一块小铁牌怎么能带来雨呢？我不明白。但是人们相信这件事，他们已经绝望了。"

"实际上，事情正变得越来越糟糕。"李先生说，"市场上，粮食正猛涨到一个可怕的高价。如果雨再不来的话，马上将要来临的这个冬天，有可能会有很多不幸发生。"

"听！那是教堂的钟声！我们去那里看看吧，请求上帝怜悯他的子民，给我们送来雨。"

许多令人焦虑的日子紧接而来。李先生和

李太太尽他们最大的努力去鼓舞人们，恳求他们不要绝望，而要充满希望和信念。

有一天，来了一场风，改变了现状。在人们的渴望之下，天空终于布满了乌云。

"爸爸，天变得很黑了。"在这个七月的某天早晨，天喜说，"听！滴下来了，滴下来了，滴下来了！正在下雨——正在下雨！"

可以肯定，正在下雨。过了一会儿，就下起了倾盆大雨。一整天，这场令人愉快的、及时的、带来新生的雨，都在下着，下着，下着！

"庄稼得救了！"李先生大喊道，"将不会再有饥荒了。感谢我们的天父，感谢他的仁慈。"

接近晚上的时候，雨停了。两个女孩大着胆子出去走了一会儿，然后，她们玩得累了，便回到床上睡觉去了。

就在她们睡觉的时候，一个男婴降生在她们家里。

　　　　　　　　第四章　"甘霖"

"过来，给你们看看你们的小弟弟。"第二天早晨，李先生对女孩们说。

"噢，一个小弟弟！一直以来我们是多么想要一个弟弟啊。"天喜喊起来，"现在他来了！"

在炕上，这个小弟弟正躺在妈妈的旁边。他那细细的指头紧攥着，那小小的头上长着黑色的头发。

"我们应该叫他什么呢，妈妈？"天喜问。

"我们叫他甘霖吧（甘霖意为带来新生的雨）。他的到来使我们高兴，他就像这场让焦裂的土地重获新生的来自老天爷的珍贵的雨。"

第五章　"一个快乐的新年"

　　"恭贺新禧！恭贺新禧！""新春快乐，新春快乐。"新年的第一天在寒冷和明亮中破晓而来的时候，李先生和李太太大喊道。这个快乐的日子终于来了。过去的几个星期里，人们一直在忙着为中国农历新年做准备。乡村里和一些繁忙的大镇子的街道上，已经有几个白天和黑夜，都在回荡着爆竹的砰砰声。有的声音大，有的声音小，有的声音长，有的声音短而尖锐，回响在中国北方冬天清新而严寒的空气里。除夕晚上，小孩子们几乎没怎么睡觉，所有的孩子都沉浸在燃放爆竹的快乐中，据说这与吓走恶魔、确保来年有一个好运有着神秘的联系。

　　　　　　　　　第五章　"一个快乐的新年"

"真好玩。"当平安将一支美丽的爆竹发射到空中时，他大喊道。

"过来，天喜，现在点燃你的吧。"李先生一边说，一边递给她一根点燃的香棒，"小心点，站远一点。"

砰！

"看，飞得好高啊。"

"我这儿还有几个。"平安说，"你们看，这个烟花多美啊！"

他们一直玩到深夜。多么快乐啊，多么狂热而兴奋啊！

天蒙蒙亮的时候，李家一家人坐下来开始他们的新年早餐——小小的蔬菜肉馅饺子。饺子热气腾腾的，滑溜溜的，需要灵巧地使用筷子，才能把它们夹起来。

"我已经吃了八个饺子了。"天喜说。

"那不算什么，"平安回应说，"我已经吃了二十个了！"

"你真是一个贪吃的男孩。"天贵接着说。

"好吧，难道我不应该比你们吃得多吗？"平安反驳道，"我不是个小女孩，而且，我饿了。"

"不要争吵了，孩子们。"李太太说，"我们快迟到了。"

早餐结束后，每个人穿上了华丽的新衣服——他们之前一直忙着准备这些衣服。穿着红外套和裤子的天喜，穿着精致的绣花鞋的天贵，很快就准备好了。不久，预告新年礼拜的洪亮钟声响起来了。

"大家都过来。"李先生说。然后他们一起走进教堂。这是一种奇怪的礼拜，除了以赞美诗和祷告开始之外，其他的都和典型的周日礼拜非常不一样。在李先生说了几句话之后，所有人站了起来，然后他说："现在，在北边的所有女人转过身，向南边的男人鞠躬三次。一次，两次，三次！”

“现在，在南边的所有男人转过身，向北边的女人鞠躬三次！一次，两次，三次！”

“现在，所有在前面的人转过身，面对后面的人，鞠躬三次。一次，两次，三次。”

“现在，所有后面的人向前面的人鞠躬三次！一次，两次，三次！”

在教堂里，这是一件非常古怪的事情。李家的孩子们，尚且不能理解这些举动的含义，他们觉得所有的鞠躬都非常好笑。李先生解释说，这是他们祝福其他人新年快乐的方式。

在他们还没有回到家的时候，有两位客人早已经到达了。他们是李太太的远房表哥表嫂——卢先生和卢太太，他们住在数英里以外，是坐马车过来的。相互问候之后，卢太太开始四处看看房子，突然她喊道：“你们怎么还没有请回新灶神？"

"灶神？"天喜好奇地问道，这时她的妈妈正去抱甘霖，"那是什么？我们家里没有这个东西。我从来没见过灶神。那是什么样子的？用来做什么？"

"噢，"卢太太说，"我以为每家每户都有灶神。那是一个神仙的画像，张贴在炉子上方。每到新年的时候，我们会请一张回来张贴，然后一整年他都在那里。虽然没有人会注意到他，但是他就在那儿，而且，这位神仙会留意我们所做的和所说的一切。他的下属会在一个本子上记录下我们所说的和所做的所有好的和坏的事情。谁知道他们记录下了什么呢，我们并不担心那些，因为在他回天庭去做报告之前，就在春节前的一个星期，我们会给他进贡一些甜食，会将糖汁抹到他的嘴唇上，这样，他就会忘记那些坏事，而只记得我们所做过的好事了。

上个星期，我们把旧的画像拿了下来，在院子里烧了它，这叫送灶神。看着烧尽的纸屑消失在微风里，我们互相说着，'这很好，他将会为我们多说些好话了。'今天早晨，我们已经将请回的新灶神张贴好了。我很惊讶，你们竟然还没有做这件事。"

李太太回来了，她胳膊里抱着甘霖。小家伙看上去胖乎乎的，笑容可人，戴着有彩带和小铃铛的新童帽。他被他那自豪的妈妈展示给朋友和亲戚们看，他让他们羡慕，他现在已经两岁了。事实上，出生于去年七月的他，真正的年龄才六个月大而已，但是今天是大年初一，按照中国人的计算方法，在大年初一每个人比前一天长大一岁，所以甘霖现在是两岁。

"叔叔和阿姨来了。"天喜喊起来，她一直在望着窗外。茶水被拿出来招呼客人。其他的客人也接踵而来。现在是下午，还没到李先生

灶神像

一家出去拜访其他人的时间。

平安没有加入家庭聚会。礼拜一结束，他就匆匆地出去了。他来到田野里，匆忙地加入到学校的一些小伙伴当中，放飞起艳丽的新蝴蝶风筝。此时，已经有很多其他不同形状和大小的风筝高高地飞在天空中了，在这严寒霜冻的天气里摇摆着、呼啸着。当平安回家的时候，已经是傍晚了。兴奋的一天结束了，这一天里他不止一次差点弄丢自己的风筝。

这快乐的一天终于接近尾声了。前一天晚上熬夜守岁几乎没睡觉的孩子们，早已困得不行了。睡梦里，欢乐仍然在继续。

一天一天过去了，每个人都带来一些新鲜的娱乐活动。一天早晨，李太太正在家里忙碌着，李先生带着天喜和天贵去了城里。过年期间，所有的商店都关门了，但是街上一点也不安静。透过商店被闩上的门，可以听到打牌的叫喊声、掷骰子的声音，以及敲锣声。

"愚昧的人们，这么好的日子就知道待在屋子里赌钱。"天喜不满地说，"走出来放风筝多好，而不是发出那些可怕的声音！"

在这条主干道的尽头，他们遇到了一群快乐的人。

"看，爸爸，那两只正在玩柳条球的是什么动物？"天贵喊起来。

"那是舞狮，你们不用害怕。它们里面其实是两对搭档，每对搭档里，一个人做狮子的身体，另一个人做狮子的头。它们正在用那个柳条球做游戏。"

"这多好玩啊。我们停下来看一会儿好吗？"天贵说。

"如果里面的人当中有一个是平安，我一点儿也不感到奇怪。"沉思着的天喜说，"他就喜欢做这一类的事。"

　　　　第五章　"一个快乐的新年"

舞狮

　　"我们走远一点吧。"李先生说。于是女孩们慢慢地跟着。他们经过一群人，人们正在安静入神地听一位说书人说书。李先生停下来几分钟，听得津津有味。但是两个孩子并不能听懂，所以他们继续向前走，直到他们遇到了另一群人。

　　天贵紧紧地抓住爸爸的手。"爸爸，我很害怕，"她说，"看那两个令人害怕的大头！"

"那只是面具。"李先生说，"安静地看一分钟，你会发现他们是多么有趣。不用害怕，他们只是在玩耍，不会伤害你们。"

　　在日落前，这两个疲惫的孩子才回到家里。她们太累了，因此晚上没法再出去了，哪怕是去看火龙。她们非常心满意足地待在家里和甘霖玩耍，一直玩到睡觉的时间。

　　此趟短途出行，平安没有和他们一起去，他手头上有一些其他的事情，那些事情甚至比放风筝更让人兴奋。凭借强壮的身体，平安加入到邻村的一队男人和年轻人当中，在过去的几个星期里，他们一直在练习用高跷走路，为的是一年一度的踩高跷和舞蹈表演活动。

　　大约一个星期后的一天，平安告诉李先生，当天下午，他们的队伍将会在教会后面广阔而开放的院子里举行一场表演。充满灰尘的冷风正在吹着，但这有什么关系呢？两点钟的时候，远方传来一阵管乐器吹奏的音乐声，几分钟之后，一支穿着花哨彩色丝绸衣服的十几人的队伍，喜气洋洋地踩着高跷跳着舞从门口进来了。他们的队伍进进出出地蜿蜒着。他们跳着，一会儿这边一会儿那边地摇摆着，向一侧或者向后屈身。他们唱着一阵阵怪诞的曲调。他们就这样持续了一个小时，或是更久的时间。直到中场休息的时候，他们拿出高凳，在高凳上屈身休息一小会儿，喝口热茶解渴。由于他们被牢牢地捆在高跷上，所以这是唯一可以休息的方式。然后，他们再一次跳起来。不过，几个星期的练习已经使他们成了行家。在这个冬天的下午，观看这项充满技巧的生机勃勃的娱乐活动，让人获得了很多单纯的快乐。

"看那个拿着鱼的人！"天贵大笑起来。

"我敢肯定，平安就在那儿。"天喜大喊道。他们终于发现他化装成了一个漂亮的女士。"我

乡村的踩高跷队伍

终于知道，这段时间他一直在忙什么了。"

娱乐活动结束了。踩着高跷的舞者们跳着舞离开了。人群也散了。

一两天之后，李先生有事情要去城里，他带上了天喜和天贵。他们走进一条几乎没有人的街道，但是当他们拐进下一条街道时，前面的路被人群堵上了，那是姐妹俩见过的最大的人群。

"抓紧我，"李先生说，"否则你们可能会走丢。"不一会儿，一声叫喊从人群中传出，"他来了！"接着，一顶轿子出现了，它由几个男人抬着。轿子里，在华丽的华盖下面，这个城的主神正庄重地坐着。他离开了他的庙宇，正准备沿街去接受他的子民的跪拜。当人们在他的面前磕头的时候，轿夫有时会停下来。他被抬着不停地走着，沿着这条街，再沿着那条街，与此同时，人群紧紧地跟随着。

土地神被抬出来

"他们有眼睛、有耳朵，但是他们看不见、听不见；他们有手，但是他们不劳动；他们有脚，但是他们不走路。这些偶像是人们的手制造出来的。"李先生悲哀地想着。但是天喜和天贵只看到了一个有着生活气息的画面——一个有着长胡子的老人，正坐在一顶漂亮的华盖下面。因为她们是基督教徒的孩子，所以她们知道不用害怕偶像。

两个星期很快就过去了，现在到了农历正月十五的晚上，这是个灯笼的盛会之夜。

李家一家人又一次往城里去。街道非常明亮，和平日很不一样！到处是不同形状、大小、颜色的灯笼。肮脏的道路不见了，变成了一个有着无数闪亮的灯笼的仙境。穿过街道，在门道，在门口，都挂着丝质的灯笼。大大小小的孩子们的手上，拿着金鱼灯笼、青蛙灯笼或是粉色的荷花灯笼。当天喜的金鱼灯笼和天贵的荷花灯笼里的蜡烛燃尽的时候，李太太说："现在我们必须回家了。明年再来了！"

这样，充满欢乐的新年假期，就结束了！

第五章 "一个快乐的新年"

第六章　童话和盐

雪落下来了，越积越厚。天喜和天贵心满意足地望着窗外，看那些正在落下的雪花，雪使得褐色的庭院变得洁白美丽。那一天，她们都没有出门去，甚至没有去扔雪球或者堆雪人。

看下雪已经有一会儿了，于是她们又去和甘霖玩耍，直到他入睡。

"妈妈！"当李太太坐在炕上开始她的针线活儿时，天喜问道，"你能不能给我们讲故事？"

"好啊！"李太太说，"你们想听哪一个？"

"给我们讲'灰姑娘'的故事吧！"天贵大喊起来，"我很喜欢那个故事。"

"好，"李太太说，"如果你们还没有听厌的话，我们就再讲'灰姑娘'。"

于是李太太开始讲了①：

从前，有一个寡妇，她有三个女儿。大女儿的前额中间有三只眼睛，二女儿的前额中间有两只眼睛，三女儿的前额中间有一只眼睛。这个寡妇喜欢"两只眼睛"和"三只眼睛"，她讨厌"一只眼睛"。"两只眼睛"和"三只眼睛"有最漂亮的裙子和最香甜、最精致的食物，她们还有大量的时间玩耍和享受。相反，"一只眼睛"必须做所有的重活儿，穿着破旧的衣服，而且常常吃不饱。她不能像她的姐姐们那样可以玩耍，甚至有时候会被赶到寒冷潮湿的地方去照顾小羊羔。寡妇非常不喜欢她，甚至想要她去死。

一天，"一只眼睛"在田野里，正值晚餐的

---

① 这应该是李太太自己编的一个灰姑娘的故事。——译者注

时间，她又冷又饿。她坐在一块平坦的石头上，想到她的两个姐姐正吃着美味的食物，大颗的眼泪就掉下来了。

突然，一个穿着长袍、留着下垂的胡子、长着一副富贵慈善面孔的老爷爷出现在她面前。

"发生什么事了？"他问。

"我太饿了。""一只眼睛"回答说，"妈妈不给我好东西吃！而我的两个姐姐都能吃上她们喜欢的东西。"

"别伤心！"这个慈善的老人说，"我告诉你一个魔咒，你只要说'小羊，小羊，我在这里！'一顿丰盛的晚餐就会立即出现在你面前。再说'小羊，小羊，把它带走吧'，晚餐就会消失。"说完，他消失了。半信半疑的"一只眼睛"非常轻柔地说："小羊，小羊，我在这里！"忽然，一个装满了各种美味食物的精美盘子出现在她面前。当她吃完这顿晚餐后，她觉得她从来没有吃过这么好吃的东西。她几乎忘了说"小羊，小羊，把它带走吧"，不过好在她在妈妈叫她把小羊羔带回家之前，及时地记起了这句话。

几个星期之后，她妈妈注意到，"一只眼睛"看起来长胖了不少而且强壮了不少，她感到疑惑。"一定是发生了什么。"她想，"我必须弄明白。"

所以，当"两只眼睛"进来的时候，她对她说："小'一只眼睛'长胖了而且变快乐了，明天开始你和她去田野里，监视她，弄清楚发生了什么事。"

于是，接下来的每一天，"两只眼睛"都和"一只眼睛"一起出门。"一只眼睛"不敢使用她的咒语。她变得越来越饿、越来越悲惨，直到有一天她哭了。

那个老爷爷又一次从不知道的地方出现了。"一只眼睛"诉说了她的困难，这个老爷爷回答说："别担心，我告诉你另一条咒语。说'小羊，小羊，让她睡觉'，她就会睡着，直到你说，'小羊，小羊，让她醒来'，她才会醒。"

第二天，"一只眼睛"使用了这个咒语，然后"两只眼睛"真的睡着了。"一只眼睛"吃完了晚餐之后，她才醒过来。

于是，"一只眼睛"像从前那样，又开始变胖、变快乐了。

"我不明白。"寡妇对"两只眼睛"说，"你肯定没有很好地监视她。明天我让'三只眼睛'跟去，我一定要弄清楚是什么使'一只眼睛'变胖变快乐的。"

然后，"三只眼睛"替换"两只眼睛"去了田野里。

晚餐的时间到了，"一只眼睛"说："小羊，小羊，让她睡觉。"于是，"三只眼睛"的两只眼睛都睡着了，但是她的第三只眼睛却仍然睁得大大的。她用她的第三只眼睛看见了丰盛的晚餐，就连忙跑去告诉她的妈妈。

可怜的"一只眼睛"又陷入了麻烦中，她的妈妈已经发现了秘密！她再也不被允许走出这个房子。她必须待在家里，不停地干活。她累得几乎生病。她的妈妈不仅以这种方式惩罚她，还杀了那些小羊羔。

"噢，我是多么悲惨啊！""一只眼睛"哭起来，"妈妈让我挨饿，让我做脏活儿，现在她还杀了小羊羔。我该怎么办？我该怎么办？"她啜泣着，睡着了。

然后，她做了一个梦。在梦里，她再次见到了那个老爷爷。"起来吧！"他说，"将那些小羊羔埋在门外的花园里。"

"一只眼睛"发着抖爬起来，按照老爷爷说的去做，接着她回到床上，但是她睡不着。

第二天早晨，在屋前的花园里，出现了一

棵巨大的神奇的树，树上长着美丽的叶子和金色的果子。寡妇和她的三个女儿都震惊了，她们冲出去看那棵树，并去摘那些金果子。但是，每一次，寡妇或者"两只眼睛""三只眼睛"想去摘那些金果子的时候，果子就会自动移开，所以她们谁都无法从这棵树上摘到任何果子。只有"一只眼睛"可以摘到金果子，而且她想摘多少就能摘多少。

因为这些金果子，"一只眼睛"很快就变得富有起来。王子们和贵族们从远方赶来向她求婚。最后她和国王的儿子结了婚，去了他美丽的宫殿。从此她在那里幸福地生活着。

当李太太正给两个女孩讲故事的时候，平安进来了。他对这些他认为的"孩子气的故事"不感兴趣，他拿起他的英语读本，坐在窗边的桌子旁认真地读起来，很快便沉浸在阅读中。

平安渴望能流利地阅读英语，因为他打算将来的某一天去大城市的商行里谋得一个职位。因此，他需要懂得一些英语。除此之外，这本读本里面全都是有趣的东西，关于铁路、桥、船、汽车，以及各种各样在他的村子里没有人谈论过的东西。他正在读一章关于棉花工厂的内容，里面的说明图片是兰开夏工厂的纺纱和编织业。

这时候，李先生进来了。此前他在去往城里的路上，准备在一个布道堂里做一场礼拜。但是因为这场雪下得很快，因此他知道，再往前走没有任何意义，所以又回来了。

李先生对他的妻子和两个女孩笑着。接着，他看见平安正在读书，于是拍拍他的肩膀，问道："你在读什么？"

"我正在读关于棉花工厂的内容。我们这儿就缺乏这些机器，它的效率可比手工编织高很多，做出的商品质量也好很多。但是我猜想，

　　　　　　　　第六章　童话和盐

这些机器都非常昂贵。"

"是的，平安。"李先生说，"尽管如此，在中国已经有很多这样的工厂了。如果你将来打算去天津港，或者南下去上海，你将看到很多这样的事物。"

"顺便说一下，"李先生继续说，"还记得我曾经带回家的关于盐磨坊的图片吗？它非常有趣。我去找出来，给你们说说它们是怎么运转的。"

…………

"你们必须知道，"李先生说，"在中国，所有的盐都归政府管理。没有人可以不经允许而制造或者出售盐。现在我来告诉你们盐是怎样制造出来的。来看这张图片。图片上展现的，是在天津河的入海口处，海岸边上盐的淘洗和研磨。那儿的土地低洼、平坦。来自大海的富含盐的海水，以涓涓细流的形式在这片土地上流淌着。在这张图片的前面部分，你可以看见一条这样的小河，在小河的岸边有一些像船一样的帆状物（实际上并不是船）——它们是盐磨坊。这些帆状物，既不像强壮的胳膊那样转动，也不像时钟的指针一样旋转，更不像前些日子你们从读本上读过的外国风车那样转动。这些帆状物在一个圆圈里转动，就像船只在一个圆圈里面互相追逐一样。"

"这是为什么呢？"平安问。

"等下你就知道了。看看这幅图片的后面部分。这成片的闪着光的是海水，而这些并排着的像池塘一样的地方，则是盐的淘洗池。海水被抽出来后，就输送到这里。这些水稀薄地蔓延着，在夏天酷热的太阳下，很快就蒸发了。现在看看这些帆状物，它们正沿着中间一根直立的杆旋转。这根杆的底部固定着一只巨大的齿轮，这只竖着的齿轮与另一根水平横着的杆，

盐磨坊

形成90度直角，这样，杆就像齿轮的轴一样。从磨坊中间伸出去一根长杆，非常长，伸出去的长度正好超过帆状物转动时画圈的范围，到达你们现在看到的这幅图中间那些狭长的木箱或水槽顶端的尾部。你们看，那儿有水流从一条水渠里溢出来，到达淘洗池后面。沿着这些水槽，海水被一条水排引上来，这些水排，两两之间相隔几英寸，被依次固定在一条循环转动的链条上。这条链条就绕着中间那根水平杆的尾部，就像自行车的链条绕着后车轮的轮轴一样。当帆状物绕着中间直立的杆转动时，它带动了中间那个巨大的齿轮旋转。这使得那根长杆也旋转起来，同时朝反方向拉动链条，链条上固定着的水排就沿着水槽转动了。随着水排的转动，盐水就被引入淘洗池。

　　"当一个淘洗池装满了，盐水会自动流入另一个。几天之后，等淘洗池里的水蒸发完，底部就只剩下灰白色的盐了。工人会迅速将盐扫成一堆，铲进篮子里，抬到大盐堆那儿倾倒下去。那些大盐堆也许你很难看见，因为士兵们日夜守卫在那儿。时不时地有盐商过来，从政府官员处买盐，然后再卖给老百姓。

"走私者有时候会在深夜，或是在暴风雨的天气里，趁守卫不注意偷盐。如果被发现，便会爆发冲突，如果走私者被抓获的话，他们将被处死。只有那些给政府付了很多钱或是大量贿赂的人，才能拿到盐去卖。这就是盐的价格如此昂贵的原因，也是如果你浪费了一点点，你的阿姨就会斥责你的原因。"

"无论如何，盐不应该卖这么多钱。"平安说，"因为制造盐的过程并不复杂，包括所用的工具也是简单又便宜的。我没想到，他们能用如此简单的工具做这么多事情。我一直认为我们中国人非常聪明，现在我有更深刻的感受了。"

"等你看见他们制造鼓以及打井，你的感受会更强烈的。"李先生说，"书中告诉你的那些机器和工厂，虽然神奇，但它们的价格太贵了。我想我们可以教外国朋友一些简单又不需要花费很多钱的方法。不过，现在还是先收好你的书，过来喝杯茶吧。"

　　　　　　　　　　　第六章　童话和盐

第七章 多事的一天

　　李家的孩子喜欢去上学，因为他们的学校是一种新式学校，与传统的中国学校完全不一样。在传统的中国学校里，学生们从早到晚大声朗读、背诵他们并不太明白的书。在新式学校里，李家的女孩们能够感受到她们所学的东西对她们而言是非常实用的。而甘霖对他的小厨房花园尤其感兴趣，在那里，他开始学习怎样用更新的、更好的方法种胡萝卜和印度玉米。李先生对这些园艺上的新试验很感兴趣，因此他很鼓励甘霖。除了一些特殊的日子，比如孔子的生日，学校里的孩子们一年里有两个长假——一个是农历新年假期，另一个是长一点的暑假。

有一年的夏天，可怜的小甘霖病了。当时，村子里已经有一些猩红热的病例，许多孩子因此而病倒了。马车夫家的小男孩死了，接着，客栈老板家的孩子也死了。现在，甘霖也生病了。对于李家来说，那些日子焦虑难熬。可怜的甘霖徘徊在生死线上，好在他最终转危为安，并且日渐好起来。

现在，又到暑假了。几个星期以来，天气一直极度炎热。后来在某天晚上，下了一场雷电交加的大雨，于是第二天早晨，空气变得清新和凉爽了。在这样一个日子里，谁还愿意待在家里呢？

"大家都过来，"平安说，"我们出去吧。"

李家的孩子们动作很快，还叫上了两三个朋友，来到户外明亮的阳光下。他们先穿过教会院子附近的打谷场，然后来到种着高粱的

　　　　　　　　第七章　多事的一天

田里。

"这儿的高粱长得好高啊！"甘霖说，"我们来玩捉迷藏吧。"

孩子们在高粱地里玩起了捉迷藏。

玩了很长一段时间后，平安说："我们已经玩了很久了，现在我们再去别的地方玩吧。"

于是孩子们沿着河岸往前走，他们遇到了一队拉纤的男人。那些人正拉着一艘满载着货物的驳船。

"嗨！"平安大喊起来，"船上是什么？"

"花生。"船上的船工回答。

"你们要把它们运到哪里去？"平安继续问。

"运到港口去。"对方回答。

孩子们继续往前走。这时，他们看见一个老大爷迎面朝他们走来，他的手上有一个笼子。

"您这卖的是麻雀吗？多少钱呢？"平安问，这一早上他的话特别多。他这么问并不是因为

卖麻雀的人

他想知道，他只是想戏弄那个老大爷。

他们又来到一个水池边，两个男人正忙着将水从河里"打包"上来。

"嗖——嗖——嗖——"当水从柳条篮里翻倒出来的时候，孩子们驻足观看。

"别站得太近，天贵，要不然你会弄湿自己！"姐姐说。

然后，他们继续往前走，一直走到一处墓地中央的一匹大石马那里。在另一处墓地，有一条两边立着许多石头动物的甬道，但那里离河岸更远些，孩子们更喜欢到这匹大石马这里玩，尤其是对小一点的孩子来说。石马在被安放在这片松散干燥的土地上很多年后，渐渐地下沉了，它的底座部分被埋，这样它变低了的背部可以让孩子们轻易地攀爬上去。

"跳上来，天贵，我们可以一起骑在它的背上。"天喜大声喊道。

"甘霖，你可以从它的头部跳下来。"平安大喊道。

"把你的手给我，我会帮着你！现在开始，一——二——三！"当平安喊出"一——二——三"的时候，甘霖摇晃着他的胳膊，一边笑一边跳下来。

"再来一次！"甘霖说。于是平安又一次大喊道："一——二——三！"

"你们三个先留在这里。"平安告诉姐弟三人，然后大声说，"来吧，兄弟们，我们去远一点的地方。"

平安和他的两个朋友很快踏上了远去的路。他们穿过一块不到一英里远的田地，来到一处砖窑，这里是另一处他们常去的地方。

"我猜它是空的。"平安说，"没有烟或者蒸气从顶端冒出来，所以今天那里没在烧砖，我们应该可以去玩。"

他们在那儿玩了一个小时甚至更长的时间。

"到这儿来，"平安大声喊着，"今天真的很热，我们去找找最近的池塘，去游泳吧！"

"好！"他的两个同伴回答道。

孩子们在外面玩了一上午，又累又饿地回来了。"我们刚刚听说变戏法的人今天下午两点钟会过来，他一年来一次。你们得快点吃完午饭，然后去看戏法表演。"李太太对孩子们说。

"万岁！"孩子们欢呼起来，"不知道这一次他会给我们表演什么戏法呢！"

两点钟的时候，李家的孩子们已来到大院东边的打谷场上。他们等了没多久，戏法艺人和他的两位助手就到了，其中的一个助手比甘霖大不了多少。

戏法艺人朝聚集的人群看了看，然后拿出他的装备。他先拿出一块布放在他前面的地上，然后从篮子里拿出他的魔杖和一块小一点的布。

他看着观众，半坐着，然后说："今天下午，我会给你们展示一些灵巧的戏法，我的助手会帮助我。不过，在开始我的戏法之前，我先给你们讲一件事情。我干这行已经很多年了，周边乡村的每个人都听说过我，很多人还看过我的戏法，并惊讶不已。不论我去哪儿，人们都会聚集起来观看我表演戏法。但是，在某一次表演中我失败了，因为我的眼睛出问题了，于是他们开始嘲笑我。为此我非常难过，我感到我在这个行当里已经走到头了。在那些悲伤的日子里，我无能为力，我的视力正在消失。

　　"当我正处在绝望中的时候，有个朋友告诉我到这里的医院试一试。'真的会有用吗？'我问，'他们能给我新的眼睛去继续从事我的职业吗？''你试试！'我的朋友对我说。我本来已经绝望了，于是我让朋友带我来到这家医院。然后，他们确实给了我新的眼睛，现在我能看见了，我的眼睛几乎和以前一样好。真的是太神奇了！感谢这家医院，不仅让我能够看见，而且让我重拾了我的技能。现在你们可以自己判断，我所说的是否是事实！

"这地上有一块布，上面什么都没有。现在，我拿另一块布放在它上面。你们看，它很平——绝对没有任何东西藏在下面。好了，我用魔杖在上面敲三下，现在，我将上面那块布拿开，你们猜你们将会看到什么呢？准备好了吗？"

"哎呀！"观众们大声欢呼起来，他们看到一只水漫到了边缘的大碗，碗里有一条金鱼正在游动！

"这真是太神奇了！"他们大喊起来。

"现在，我将请我的助手过来表演第二个戏法。过来，老三！你站着，让这些盘子旋转起来！小心点，不要打碎它们当中的任何一个！"

老三站起来，用棍子在空中旋转着一只盘

子。这只盘子转得越来越快，越来越快，直到人们几乎无法发现它正在旋转。然后，他用另一只手拿起另一根棍子，让另一只盘子在上面旋转。现在，两只盘子正在半空中快速地旋转。几秒钟之后，这个年轻人向前弯下身体，并且继续俯身旋转盘子。他甚至翻了个跟头，却一点儿都没让盘子掉落，或是让盘子停止旋转一会儿。

"我觉得，"甘霖低声说，"他太厉害了，他能够使盘子保持旋转，并且没有掉落一只。这太厉害了！"

"是啊！"天喜补充说，"他应该是从很小的时候就开始练习这一门技艺。他已经学会了非常迅速、灵活地使用他的双手。"

"你们看过谁能吞下一把剑吗？"戏法艺人问，"向前来，老胡，让大伙看看你是如何吞下这把剑的！"

转盘子

他的另一个助手老胡，走到前面，拿起一把看起来很可怕的剑，把它放进嘴里。剑刃在他的嘴里渐渐地消失了。

"我不明白，为什么这把剑没有伤害到他。"甘霖看见这个表演时，不解地说道。但是天喜和天贵不敢看。她们太害怕了，都紧紧地闭着眼睛。

"剑不总是用来杀死人的。"当那把剑再次安全地被抽出来的时候，那位戏法艺人讲解道。"现在我将给你们展示并不是一直燃烧的火。"

他弯身从旁边的篮子里拿出一小包纸刨花，并将它们塞满自己的嘴巴。接着，他拿起一把扇子，开始扇他的右耳。起初没有任何事发生，突然——

"看，天贵！"天喜喊起来，"烟正从他的嘴里冒出来！看那儿！"

随后，闪着火花的烟从他半张着的嘴里冒

　　　　　　　　　第七章　多事的一天

出来。当他继续扇自己的耳朵并用嘴巴吹气的时候，越来越多的烟和火花喷出来了。

"这真是所有表演里最精彩的。我从没见过一个人嘴里有火，却没有烧着他。太震撼了！"

人群中时不时发出"啊"的声音，但更多的人却震惊到说不出话来。

"各位朋友，"戏法艺人接着说，"接下来，我打算给你们展示另一个戏法。我要在箍筒里潜水。"

他很快固定好一个相当宽敞的箍筒，接着，他跳进箍筒，并轻易地穿过而没有碰到筒壁。然后，他又固定好一个小一点的箍筒，再一次穿过正中央跳进去。他轻轻地穿过小箍筒，就像一条飞鱼。

"接下来，"他继续说，"我打算把这些小刀插在箍筒上，让刀尖朝向箍筒的中央。我可以从中间穿过去，而不触碰到刀尖。"

当戏法艺人准备铁箍的时候，孩子们感到十分害怕。

"我们回家吧！"天喜说，"这个戏法也许是神奇的，但是我不喜欢。它让我感到害怕！过来，天贵，甘霖，妈妈一定正等着我们回家！"

就这样，这个精彩的下午结束了。但是这多事的一天，还没有结束。

夜深了，李家一家人正在熟睡中。一件意想不到的事情发生了，让李家一家人在短时间内都将无法忘记这件事。

他们的房子坐落在教堂旁边，位于主干道上，离教会院子很近，因此没有筑起高高的围墙或是安上牢固的大门。当夜深人静的时候，突然，一个声音出现了，它将恐惧击入李太太的内心，她是第一个听到这声音的人。

"那是盗贼。"她非常惊恐地对李先生说，

"天啊，我们该怎么办？"

这时，孩子们也醒来了，他们害怕得哭了。

"听！"李太太说，"他们在后面的房间里翻找东西！天啊！除了偷东西，我们不知道他们还会做出什么可怕的事情！孩子们，保持安静，不要哭！"

"我们一起祈祷吧！"李先生说，"和他们搏斗是没有用的。"

李先生大声地祈祷着，请求万能的、仁爱的天父保佑他们。

过了一会儿，当一切安静下来之后，一直处于害怕和颤抖中的李太太对李先生说道："我相信他们已经走了！他们一定是听见了你大声的祈祷，以为你正在召唤恶魔降临到他们身上，所以他们害怕了，逃走了。"

不管是不是真的如李太太所言，可以肯定的是，盗贼们跑了。安宁再一次回来了。

第二天早晨，李家一家人聚在一起做家庭祈祷。李先生朗读了《旧约》第九十一章，将重点放在《诗篇》第七和第十一节上："你们不要因为夜晚的灾难而害怕……因为他将派出他的天使保护你们，以使得你们保持一如既往。"

第八章　庙会的乐趣

　　离上一章发生的事情又过去了几个月，就到了在城北举行盛大的春天庙会的时间了。那些来自周边村庄的人们，他们有的沿着道路走，有的穿过田野的小路，有的沿着河岸走，有的在步行，有的正坐着马车，涌向城里。你可以从朝着城市蜿蜒前进的川流不息的人群判断出，这场活动非比寻常。

　　对于一个忙碌的农民来说，能够抽出时间离开田里的犁作和播种，这样的事情并不经常发生。但是，一年一场的庙会非常难得，全家人都非常重视，必定抽出一天时间赶庙会，既可以做买卖，也可以看热闹。

李先生从农场里取出长马车，安装好磨砂车篷，将动物们套在车辕上，将一头骡子、一头驴和一头牛系在一起，这样，这个家庭的各种"成员"，都将跟随李家人去见识庙会的乐趣。

　　"妈妈，我们能去庙会吗？"李家的孩子们问。

　　"当然可以，我们都去！爸爸会给我们雇一辆马车，因为你们太小了，走不了很长的路。"于是，李太太和孩子们坐上了一辆雇佣来的小型马车，而李先生带着平安一块儿步行赶着自家的长马车。

　　将孩子们都塞进雇佣来的小型马车是一件挺困难的事情。李太太先是借助一个小小的高脚凳，爬进马车里。她坐在最里面，盘着腿，甘霖坐在她的腿上，然后，天喜和天贵爬进去，坐在她的身边。

　　"驾！"车夫挥动鞭子，催促着拉车的马前

进。然后，他自己跳上去，坐在车辕上，腿悬在半空中。

在进城之前，他们必须经过渡口，这耽搁了一些时间。那艘在河的两岸之间来回运送马车或其他车辆的沉重的驳船，走一个来回就需要足足十五分钟。于是，李家一家人只能在河岸上等待着。

"我想在庙会上买一些金鱼。"甘霖说，"你想买些什么呢，天贵？"

"我不知道。或许妈妈会给我买一些粉色的棉袜！"女孩回答说。

"船来了！"天喜喊起来，"我们可以走了！"

然而，有趣的事情发生了！他们的骡子变得顽固起来，怎么都不能诱使它登上渡船，无论是大声的叫喊、粗暴的拉拽，还是随之而来的抽打。

"这头骡子真令人讨厌！"天喜叫起来。

最后，经过一番暴力措施，这头顽固的动物终于被拖到了渡船上。随后，其他动物和长马车也被装载上来。

到了对岸之后，这头骡子再次被套在了长马车上。然后，他们向城市进发。经过主干道的时候，他们前进得非常缓慢。城里几乎没有什么警察，也几乎没有要控制交通的意识。确实，对于警察来说，管理这条道路的交通，是一件非常困难的事情。马车和行人不得不尽可能地见缝插针地前进，沿途得绕过那些蹲坐在道路上的鸡、猪，甚至是驴。一个盲人乞丐拿着一根棍子和一件奇怪的乐器，正沿着路边走。

"妈妈，"甘霖喊道，"他们为什么那样对那头可怜的驴子？为什么绑着它？这样做一定会伤害到它的。"

"事实上并不会，甘霖。"他的妈妈回答说，

一头正在被钉蹄铁的烦躁不安的驴子

"他们正在给驴子钉蹄铁。瞧！他们已经钉好了，现在他们解开它了！"

这条道路上有很多马车，它们都是去往庙会现场的。其中有一辆马车看起来相当着急，当它经过李家的马车时，那条路恰好特别地狭窄，于是，它猛烈地撞上了李家的马车。李家的车夫爆发出一顿咒骂，结果两个车夫争吵起来，又耽误了一段时间。

…………

"我们到了！"甘霖大喊起来。

庙会的场地看上去被划出了不同的区域。各种商品被整齐地摆放在货摊上，以吸引路人。桌子和椅子以及各种家具物品在这个区域；而在农民经常光顾的那个区域，有马车、独轮手推车、耙、犁、锄头、叉子以及干农活需要的所有东西，绳子和鞭子以及诸如此类的东西占据了另一块区域。除此之外还有种类繁多的篮子以及柔软的柳树茎条编织品。

在一个忙碌的角落里，人们正买卖着壶和盘子。那儿有各种大小的茶壶、大量的茶杯和饭碗。每一个人，无论是贫穷还是富裕，都要使用这些东西。紧挨着壶和盘子的，同样分散在地上的，是不同种类的刀具——小刀、剪刀以及菜刀。

还有按打计算的灯。那些高高的摇晃着的玻璃灯，看起来仿佛一阵微风就能将它们吹翻，泼洒出珍贵的油。这里的灯大多数会被城里的人买走，因为乡村的人们几乎不使用灯。他们日出而作、日落而息，这样更省钱。

李太太带着孩子们快速地穿过这些区域，直到他们来到一条长桌前，才停了下来。桌上摆着大量的让人眼花缭乱的头饰花，有丝质的，有天鹅绒的，都非常精致、漂亮。中国的妇女不戴帽子，她们认为在头发上插上一朵花是非常美丽的，所以在庙会上，几乎每个人都会买一个或几个美丽的小装饰物。李太太和两个女孩在这些花儿前面逗留了很久，她们还没有决定买或是不买。

"妈妈，"甘霖说，"我们什么时候去看金鱼？我不想看这些花儿了！"

"好吧，我们走吧，去找金鱼。"李太太说，"然后我们再去看木偶戏潘趣和朱迪！"

孩子们欢呼起来。

在路上，李太太遇到了她的朋友王太太。

"最近怎么样，王太太？"李太太问。

"挺好的，李太太。我看见你和孩子们在一起。他们长得好快啊！"

两个朋友在一起聊了一会儿天。突然，李太太大叫起来："天贵去哪儿了？这儿这么多人，她可千万别走丢了。"

"我没注意到她已经走开了。"天喜说。她

的眼睛正盯着远处的舞台，在那里，喧闹的表演马上就要开始了。

"我们赶紧去找她。"李太太着急地说。

他们一路经过一群正在听说书的人，但是天贵不在那群人里面。再往前走一点，他们遇到了一群正紧紧盯着一张赌桌的人。远处，一群人正被一个卖药人滑稽的演说逗得哈哈大笑，那个卖药人站在一小堆一小堆的中药当中。然而，天贵都不在这些人群里。

"我的天哪！"李太太大喊起来，"她肯定是在我和王太太说话的时候溜走的！她到底跑哪儿去了？"正说着，李太太看到了她的朋友童先生，她立即上前询问："童先生，你看见天贵了吗？我们正到处找她！"

"几分钟前我看见她了。"童先生回答说，"她很安全，放心，她正安静地待在她父亲的布道帐篷里！"

"谢天谢地！"李太太叫出声来。

他们到达帐篷时，李先生和其他人正忙着向一大群人布道。李太太很快发现了她的小女儿。

"天贵，"她说，"你怎么跑到这儿来了？你不见了，我多着急啊！"

天贵将经过一点一滴地告诉妈妈。她晃荡着去寻找木偶戏，然后，她听到这个大帐篷里传出她父亲的声音，于是，她走过来偷看，然后，她就在这里了。

"好吧，见到你安全我就放心了。你爸爸这时候在这里布道，这是一件多好的事啊！"

"现在我们可以去看木偶戏了吗？"天喜问。

"过来，孩子们！"李太太喊道，"我们已经在这里待了很长时间了，要准备回家了。"

他们的马车刚刚转进南大街，就被一条长长的队伍给堵住了。在队伍前面的，是一些看起来很粗鲁的男人，他们穿着破旧的丝绸衣服，正用风笛吹一支单调刺耳的曲子。

这时，一群手里拿着纸扎的人经过他们身边。"这是什么？这是纸做的马车吗？还有各种颜色的马，有绿色的，有黄色的！它们是用来干什么的？"甘霖好奇地问。

"嘘，甘霖。"李太太说，"这是一场葬礼。那个红色的华盖下面是一口棺材，那些穿着白色衣服的人是哀悼者。这个死去的人一定是个有钱人，才会有这样的排场。那些穿着白色衣服的人可能是他的兄弟或者儿子，他们花费了一大笔钱来买那些华丽的纸扎。"

"噢——看！"孩子们一起叫了起来，"那儿！有一团篝火！他们把那些纸做的东西都扔进去烧了，多可惜啊！"

"妈妈，他们为什么要烧掉那些东西呢？"天喜问。

"这就是一种风俗。人们相信，当一个人死了，他就去了另一个世界。不过，如果他的儿子们不供养他，他在那个世界里就无法获得快乐。在那个世界里，他必须有一幢房子来居住，有仆人侍候着他，有马和马车带他踏上旅途！所以，他的儿子们置办了这些用彩色的纸做的房子、马、马车、仆人，以及诸如此类的东西，并且在葬礼上将它们全都烧掉。他们认为用这种方式，能给那个逝去的人捎去他所需要的东西。"

甘霖开始沉思起来。这时这条路已经变得通畅了，他们再一次踏上了归途。甘霖抬头看了看，接着说："妈妈，如果爸爸死了，我需要烧这些东西给他吗？"

李太太非常温柔地说："孩子，我们是基督教徒，我们不相信这些东西。耶稣曾经告诉过我们，在他父亲的房子里，有很多房间，他会

　　　　　　　　第八章　庙会的乐趣

在前面开路，为那些爱他的人们准备一个地方。当你的爸爸死了，他将会和耶稣在一起。我们不需要担心他，因为耶稣会提供所有他想要的东西。"

归途在沉默中继续着。两个女孩因为兴奋而疲惫，加上天气炎热，她们开始打瞌睡。马车碰撞着、摇晃着前进，留下车辙。他们经过长满菖蒲和芦苇的池塘，然后，再一次来到渡口——这时候，他们又回家了。

第九章　大门口的流浪儿

上午的课结束了，李家的孩子们从东门回到家里。因为这个门是医院的入口，所以在前面那块空旷开放的空地上，总是会发生一些事情。口袋里有一些铜钱的平安，径直走向卖糖果的人那儿，买了一些"公牛的眼睛"①，同时给甘霖买了一串制成糖果的野苹果。医院院长正站在门道那儿，和一些刚刚到达的旅行者交谈着。一两个乞丐正在向经过的人们讨钱。与此同时，一头刚刚被从车辕上解放出来的骡子，正使劲地在尘土中打滚纳凉。

---

① 指糖葫芦。——译者注

天喜机灵地发现一小群人正聚集在一个衣着破烂的可怜的男孩周围。这个男孩正呜咽着试图将他的故事告诉医院的院长。

"过来，甘霖。"天喜温柔地说，"我们去听听发生了什么事。"

这个穿着破旧衣服、光着青肿双脚的男孩，看上去令人同情。

"你叫什么名字？从哪里来？"院长问。

"我叫杨丁。"男孩回答，"我不知道我的家在哪里。我想我没有家！"

"甘霖，你听到了吗？他说他没有家！"天喜惊讶地说。

杨丁慢慢讲起他的故事。杨丁和他的哥哥曾经住在远方的村庄，他们非常快乐地生活着，直到父母去世，他们被一个邻居带走。这个邻居及他的家人虽然管兄弟俩吃住，但经常打骂他们。

在杨丁十一岁的时候，有一天，比他大两岁的哥哥说："我们逃跑吧！"

于是，第二天，兄弟俩在天亮前起床，悄悄地爬了出去。他们很快离开了那个村庄。那时是八月，他们一路辗转，一路乞讨，虽然艰苦，但他们很快乐。

一路上，他们有时会摘那些村庄外道路上种着的绿色脆枣。天气炎热的时候，他们会跳进池塘里游个泳，或是在高粱地里休息下。

他们虽然是无家可归的游荡者，但这并不是什么严重的事情。他们是自由的，内心充满了冒险精神。总的来说，人们对这两个游荡的孩子是友善的，有时会给他们玉米饼充饥，有时会给他们多汁的甜瓜解渴。因为天气正暖和，晚上他们可以放心地睡在户外。

八月过去了，九月来临了。白天依然是明亮而温暖的，但是夜晚正变得越来越寒冷。

　　　　　第九章　大门口的流浪儿

一天，他们来到一个大镇子的郊外，哥哥对杨丁说："我们去讨些吃的东西，你沿那条街走，我沿这条街走。"

"好。"杨丁回答说。就这样两兄弟分开了，从此他们失散了。这是杨丁的第二个不幸。此前他虽然失去了家，但他还有一个好哥哥照顾他、鼓励他。现在他又失去了相依为命的哥哥了，再也没人保护他远离那些粗鲁的士兵——在穿过平原的流浪途中，他们频繁地遇到那些人。好在杨丁是一个勇敢的男孩，尽管他经常感到疲惫和孤独，但他还是坚强地向前走，尽自己最大的努力克服各种困难。但是，他还是在与那些遇到的士兵的接触中变得粗鲁起来，并学会了说脏话。

一天，杨丁沿着河道走的时候遇到了一群人，他们正沿着运河拖一艘驳船。

"我可以和你们一起拉船吗？"他对那些人

说。那些人听了相当惊讶，并告诉他，他太小了。"让我试一试吧。"他请求道，"我没有家，也没有亲人了，我愿意跟着你们。"

他把绳子绕在胳膊和肩膀上，然后用力地拉了起来。但是，他很快就意识到这比他想象中的要困难许多，他确实太小了。

"我根本没法做这个。"可怜的杨丁叹着气，"我还能做些什么呢？"

到了十月，杨丁仍然是一个小小的游荡者。天气变得越来越寒冷了，晚上有严重的霜冻。他的棉衣单薄而破旧，他的鞋子几乎没法穿了，他那像被掐过的小脸上，出现了长时间饥饿的痕迹。

"他好可怜，"天喜自言自语道，"他看起来又冷又饿！"

尽管如此，杨丁仍在继续前进着。他跨过遍地车辙的道路跋涉前进，然而，又一件不幸

　　　　　　　　第九章　大门口的流浪儿

的事发生在他身上——遭遇霜冻的杨丁被绊倒并摔伤了腿。

杨丁很痛苦，他挣扎着、忍着病痛跛行向前。这个可怜的流浪儿！好在，他的痛苦即将结束，尽管他当时并不知道。

杨丁跛行着，突然他听到一个声音朝他大喊："振作起来！你看那边，就是有很多树围在一面墙旁边的地方。"

"我看见了！那是什么地方？"杨丁问道。

"那是教会的院子，那儿有一所医院。如果你能到那儿去，医院的人会接收你、照顾你的，用不了多久你的腿就会好的。"

"你说的是真的吗？"杨丁问道，"但愿我能坚持走到那儿。"

杨丁最终走到了教会院子的大门。

院长听了杨丁的故事，说道："你可以进来，但是我不能保证他们会让你待在这里，因为这儿已经满员了。"

"我们必须为他腾出地方来。"医院的医生听说了杨丁的故事时，说道。"振作起来，孩子。"他说，"我们会给你暖和的衣服和热饭。"

就这样，杨丁的生活翻开了新的篇章。

他脱下旧衣服，穿上了医院的衣服。在这里他不用乞讨，医院给他提供一碗碗冒着热气的饭。

对杨丁来说，这是新生活的开始。

第十章　这个流浪儿找到了一个家

在医院的那些快乐的日子过得飞快。杨丁有时候会想，这一切是否只是一个美好的梦，是否有一天他醒来，发现自己还在平原上受冻挨饿，也没有人可以说话。杨丁在医院里看见很多病人，每个人都是友好善良的，在某种程度上，这座医院看起来是一个相当快乐的地方。

房间中央有个火炉，正往外冒着强烈的热气。有时，平安放学后会过来待几个小时，和杨丁说话，教他阅读。两个男孩之间的友谊就这样建立起来了。杨丁试着将平安当成他的哥哥，代替他走失的亲哥哥。

医院的福音传教士常常告诉杨丁有关耶稣

的故事。杨丁很快就学会了医院里的一些人经常唱起的赞美诗。当中特别吸引他的一首赞美诗是那首有一个简单易记的中国曲调的曲子。

福音传教士正急于教会杨丁其他的赞美诗，因为圣诞节就要来临了，那是伟大而欢乐的时刻，以庆祝耶稣——那位杨丁已听说了很多故事的人物的诞生。其中有一首，有着美妙的合唱，并且容易被记住：

"我的救世主耶稣来到伯利恒。"

一天，当平安来看望杨丁的时候，杨丁说："告诉我一些关于圣诞节的事情吧。"

平安笑起来，他说："那是一个快乐的节日。我告诉你去年圣诞节的事情吧。去年圣诞节，我和其他一些小伙伴到这里看望一位病人。突然，走进来一个古怪的老人，他穿着红色的披风，戴着红色的头巾，垂着白胡子，他祝愿我们所有人圣诞快乐。在他后面，跟着另一个人，那个人领着一头小猪，小猪的后背上系着一只红色气球。老人转过身来，指着那头小猪说：'这是谁？''噢，这是猪小姐！'后面那个人回答。'她为什么会到这儿来？'老人问道。'为什么？难道你没看到她后背上有一个大肿块吗？'后面的人一边说着，一边指向那个红色气球。这里是医院，那个人想要医生给猪小姐做手术，除去那个肿块。

"这时候，现场爆发出响亮的笑声。然后，他们发现，这个老人，就是他们快乐的医生——梅医生。梅医生穿上了一件红色的披风，戴上了红头巾，他在披风里面塞了一个枕头，这让他看起来像个圣诞老人。"

"哇！"杨丁惊叹道，"我希望今年的圣诞节也能像去年一样有趣。"

为圣诞节所做的准备正有序地进行着。突然，有一天，医生对杨丁说，他已经恢复健康

圣诞老人来到医院

了，所以他必须离开医院，给其他人腾出地方。

可怜的杨丁！他的梦结束了！他必须从这片曾经让他快乐的地方离开，再一次面对这个残忍的世界！现在天气比他到来的时候寒冷了许多，周围是绵延数英里的积雪，还有土匪出没。在这样的情况下，他怎么可能再次流浪呢！

好在，这个教会院子里的妇女，她们是温

　　　　第十章　这个流浪儿找到了一个家

柔的母亲，即使她们是贫穷的。这些母亲进行了一次讨论，然后，她们决定收留这个孤儿，她们不会让他再次被驱逐到那个可怕的世界里。她们捐钱，为这个男孩打扮，给他换上了一套粗糙但得体的衣服。

妇女们对这件事非常认真。小旅店的老板允许杨丁照看他的山羊一段日子。接着，一个朋友表示他将会资助杨丁上一年学，看看在学校的管教之下，他会被塑造成什么样。

这个消息让妇女们振奋。于是，她们中最贫穷的一位母亲进一步建议："现在既然支持他上学的钱已经筹到了，那么剩下的事情就交给我吧。我会给他一个家，给他做衣服、补衣服。我将会教他不再说脏话。"

就这样，这个流浪儿找到了一个新家，他终于获得了命运的垂青。

他永远不会忘记他的第一个圣诞节——充

穿上新衣服的快乐的流浪儿

满了欢乐和兴奋，有肉吃，有歌唱，还有放映等各种娱乐活动。

在圣诞假期里，平安教他阅读，所以当学校开学的时候，杨丁已经能够追赶上其他的男孩了，他不再感到羞愧。

第十一章　动乱的时代

数年来，对于这片平原上的大多数居民来说，他们的生活是安宁的、繁荣的。没错，在北方一些省份的某些地方，饥荒和洪水一度是频繁的，但是在某种程度上人们已经习惯了这些，如果某一年庄稼的收成不好，人们总会怀着希望，他们相信来年事情将会变好。

但是现在，有些麻烦的事情扰乱了这片平原上人们的生活，并且给所有沿大运河生活的人们带来了很多悲痛。

由粗鲁士兵组成的流浪散兵开始扰乱乡村的安宁，他们在所到之处就像一个诅咒。这些人犹如蝗虫般闯进村民的家里，洗劫了所有的东西。

除了这些流浪散兵之外，还有令人恐怖的土匪。随着时间的推移，土匪的人数在不断增长着。乡村已然变成一个恐怖的犹如君主统治的世界，并遍及这片土地的所有角落。

有些土匪的头被砍下来，悬挂在城门上，但是这并没有对他们的数量或残暴行为造成什么影响。在一些村子里，一些胆大的人组成一支防御队伍。他们在村子周围堆砌起土墙；在紧急情况下，他们使用一种自己制造的土枪。防御队伍会在晚上出去守卫村子。但是，尽管有这些防御措施，还是有一些村子经常被袭击，甚至被烧光，这使得很多人流离失所。

当道路被土匪占据的时候，交通会随之中断一段时间，有时甚至中断数周。车夫们不愿意冒险，否则，他们的马车或动物，都会落到这些穷凶极恶的土匪手里。

当不同省份的统治者之间爆发战争①时，人、马车和动物会被随意征用，为战争服务。体格健壮的男人，会从他们的田里被带走，去挖战壕和搬运弹药；农场的马车和骡子则会被用来运输。恐惧在这片平原上蔓延着。每个人都在谈论这些动乱，他们害怕以后的某一天灾难就降临了。往来之间没有火车，也没有信件，但是，各种各样的谣言四处流传，没有人知道正在发生什么。

　　一天下午，李先生和孩子们在外面散步时遇到一个从外面回来的人，他无比激动地讲述着自己带来的消息。

　　"就在距离这里北面大约四十英里的军营附近，"他说道，"发生了一场大的战役。这场战役已经持续了一段时间，有很多人受伤。他们

_____

① 指军阀混战。——译者注

正用船将重伤的人员往这儿的医院送，随时都有可能到达。"

"这真是个糟糕的消息。"李先生说，"我们赶紧回去通知医院的负责人。他们必须提前做好准备，接受那些可怜的重伤者。"

然而，医院的病房已经全部满了，很难再腾出地方了。

"医院的候诊室和布道堂怎么样？床可以放在那儿。"李太太建议道。

当第一批伤员到达的时候，医院门口聚集着一群人。天喜就在他们中间。

看到这些伤员，她哭了。"他们当中有些人还只是小孩儿！这么小就要去打仗，还受了这么重的伤，太可怕了！"

天喜觉得，她永远不会忘记这个可怜的男孩脸上悲惨的表情。伤员被陆续抬进房间里，放到干净舒服的床上。这里比那些坚硬赤裸的土地，甚至是船上，要好得多。

"为了这些可怜的同胞，我们必须尽我们最大的努力医治他们！"医生说道，"如果这场战争持续下去，而且战场离我们越来越近的话，将会有更多的伤员被送到这里。"

但是，没有更多的伤员被运送过来，因为河流结冰了，船只无法通行。不过还是有一些伤员通过其他途径被送到这儿。

"我希望这场战争赶紧结束，"甘霖说，"我实在厌倦了晚上听到那些枪声，它让我无法睡觉。"

然而，有一天，形势变得更严峻了。

砰！砰！砰！

"妈妈，你听见了吗？"在三月的一个大清早，李家的孩子们大喊起来。

"看！北门那边，很多妇女儿童正涌进来。天啊，后面还有更多。"天喜惊呼道。

　　　　　　　　第十一章　动乱的时代

难民

"他们应该是从被战争波及的村子里来的。可怜的人啊！"李太太说。

"看那个可怜的女人！"天贵大喊起来，"她身边有三个孩子，她怀里还抱着一个婴儿。"

这一整天，恐惧的人们一直在往教会院子里涌。

"我们该把这些人安置在哪里呢？"李太太说，"这里面估计有两三百号人了！"

"我们已经紧急制定了一个方案，先将他们安置在一些空教室里。妇女医院那边已经腾出了一间病房，铺好了稻草，以解燃眉之急，这样总比在这严寒的天气里躺在冰冷的地上强！我们还需要尽可能地在我们家里给一些人腾出空间来。"李先生说。

"可是我们这里已经没有多余的房间了！"李太太补充道，"我觉得每家每户都应该接收一些难民！"

现在不是讨论的时候，李先生和李太太都在忙碌着，他们做他们所能做的一切，去帮助那些难民。

当天晚上，李先生回到家里的时候，已经很晚了。

"我们中的一些人正去周边的村子四处走动，看望那里的难民。"李先生说，"难民们非常害怕。不过好在妇女儿童都在我们教会的院子里，他们不用担心。但是男人们必须留下来守卫他们的家园。在穿过一些院落时，我们的人看到一些被系在树上或是拴在墙边的骡子和驴子，难民们非常担心他们那些珍贵的家畜会被士兵抢走。"

第二天上午大约十一点钟，李太太对孩子们说："天喜，你和天贵必须留在家里。在那些难民妇女留在这里期间，每天上午，教会的妇女们都会在教堂里为她们安排一些阅读课程，我必须去帮忙。晚上，你们的父亲会给难民们讲一些关于耶稣的事情。你们知道，这里面有很多人是异教徒，他们憎恨基督教。但是现在情况紧急，他们没有时间来憎恨我们。所以，我们要做一些友善的事情，给他们展示基督教是什么样的。如果我们主动、友善地和他们交朋友，我想他们会听我们说话的。"

一两个星期之后的一天，李先生说："我听说，那位信基督教的将军的军队的一个团就在离这里五英里的地方。听说这位将军的军队不抓在田里春耕的男人和牲口，倒是允许农民使用军队的牲口犁地和播种。而且这位将军的士兵走到哪儿都不会欺负人民，反而会尽可能地帮助人民。这多好啊！他们是真的想要拯救这个国家。"

后来有一天，有个人叫住李先生："医院那边有个人想见你。他叫齐少校，他说他是王将军军队的人。"

"王将军！"李先生大叫起来，"他是我的老朋友，也是那位将军的主要部下。这个齐少校怎么到医院来了？"

当李先生见到齐少校时，他问："你怎么到这里来了？王将军他好吗？"

"我们的团现在驻扎在北边的定兴。我昨晚逃过了敌人的封锁线，到这儿的医院来治疗。"齐少校回答说，"王将军很好，他非常忙。这是他给你的一封信。"

李先生看完那封信后，咕哝着："王将军非常焦虑，他希望这场战争尽快结束。王将军是一个好人，他非常好，给了一些钱作为你来医院的费用，他太体贴了。在医院这里，你放心，你将得到很好的照顾！"

离难民来到大院已经过去三个星期了。突然有一天，好消息传来——"战争已经结束了，敌人已经离开了！"

"妈妈，"天贵说，"难民都在准备离开了，他们都很兴奋。看那个女孩正热烈拥抱着她的朋友！"

"是的，天贵。"李太太回答说，"他们很快就能回家了，虽然他们的家可能已经被洗劫一空了。你们的父亲听说，那些士兵给这些可怜人的家造成了极大的破坏！"

"这太糟糕了！"天贵说，"过些时候，我们去看看他们吧。他们在这里的时候，我经常和一些小孩子玩耍，所以以后我应该去看看他们的家。"

之后，李先生说："上帝保佑，这样的事情不要再发生了。"

第十二章　当我长大以后

三年过去了，李家的孩子们已经长大了。又是一个夏天，七月的某个傍晚，在位于教会院子和大运河之间的打谷场上，一大群人聚在了一起。

在人群里，你可以看到很多从周围的村庄和农场来的人。还有上学的孩子们，在他们当中有我们的几个朋友，天喜、天贵、甘霖，以及他们的表哥平安——平安现在是一个大小伙子了。所有的人都在全神贯注地听一个陌生人说话，这个陌生人正在演讲，主题是爱国精神。

"我们这片亲爱的'鲜花一样的土地'，"他正在说着，"是一个伟大的国家。我们为我们的祖先所创造的东西而自豪，我们用我们全部的心去爱我们的国家。我们知道，我们当中的一些人有着聪明的大脑和灵巧的双手。看看我们的学者和我们的工匠！我们的陶器和我们的雕刻品受到很多国家的崇拜！我们的土地，在煤、钢铁、稀有矿石上也是丰富的！

"那么，为什么其他国家看不起我们，不让我们在他们的身边占有一席之地？难道我们的人民不是和这些外国人一样聪明吗？难道我们的土地不是和他们的土地一样富庶吗？难道中国在什么方面存在问题吗？

"是的，我的朋友们，我们知道我们的国家现在存在着一些问题。因为我们爱这片美丽的土地，所以我们伤心，有一些问题正阻碍着我们的进步。

"狮子被说成是百兽之王，它是一种高贵的动物，非常强壮。然而，即使是一头强壮的狮子，在铁栅栏后面，也可能会失去力量。我们的中国就像一头狮子，美丽而且强壮，但是它正处于困兽一般的境地，因为它被限制在了一只铁笼子里！

"现在，阻碍我们的这些栅栏是什么呢？我将告诉你们。"演讲者说道。

"当我四处张望这片宽阔的平原，在目所能及的最远处，我看见村庄连绵着村庄。在这片平原上，以及沿着那美丽的河流的岸边，有数以千计的村庄。在那些村庄里，有成百上千的男人、女人和儿童。当我想到这些人当中的许多人怎么会如此地无知的时候，我的心是悲伤的。他们相信各种各样的迷信，在他们的家里，你会发现他们日常供奉着香炉的神位。

"看看我们的妇女和女孩们！难道还有任何其他国家，将他们的妇女和女孩们的脚捆绑起来的吗？如果家里面有病人，他们说，那是因为一个恶魔进入了那个病人的身体，所以必须将它驱赶出去。'刺破肉。'他们说，'这样可以让那个恶魔出去。或者是摇晃那个人，以赶走恶魔！'"他激动地说。

"我的乡亲同胞们，告诉我，一个允许这些事情发生的国家，怎么能快乐和繁荣呢？所有的这些事情都在使我们落后！

"还是想想这片土地！这儿的人们是多么频繁地遭受饥荒和洪水？但是所有的这些都是可以被阻止的！

"你们这些农民，你们的庄稼怎么样？你们一直都有好收成吗？我要告诉你们，你们可以从你们的田里得到现在两倍或三倍的玉米收成。既然如此，为什么要满足于目前这种可怜的收成呢？"

人群静静的。"是的，他说的这些事情，是有原因的。"人们思考着。

在停顿了一会儿之后，这个演讲者继续说道："既然我们已经知道我们的国家出了什么问题，那么，去做一些能使她变得更好的事情，这难道不是每一个真正热爱中国的人的责任吗？这就是爱国精神——去做，而不是去喊！我们需要领导者，他们将会把国家利益放在个人的前面！

　　"乡村有很多人是愚昧和迷信的。因此，我们需要教师，包括男教师和女教师。我们需要为劳动人民而设立的学校。我们需要优秀的女性，她们将会告诉那些母亲关于缠足的愚昧以及缠足对女孩们的伤害。

　　"我们还需要女教师去学校里教那些年轻的女孩们做家务！是的，这些聪明的女孩能够学会算术、地理和科学，但是我们希望她们所有人都知道怎样去操持她们的家，怎样去烹饪，怎样去清洁，怎样去缝纫，怎样变得聪明而快乐。"

"这将是我的职业。"天贵小声说，"我想要成为一名教师。"

"我们需要医生。"这个演讲者继续说，"男人和女人，医生和护士，他们将能够运营现代化的医院来照顾病人。"

"一直以来我都对医治生病的人感兴趣。"天喜轻轻地对她妹妹说，"我想，我将成为一名医生。我会让他们给婴儿洗澡，我一定不会将生锈的针头刺进发烧的小女孩的身体。此外，我还要告诉那些母亲不要绑住女孩们的脚——这是一个多么可怕的习俗！我们的妈妈没有绑住我们的脚，对此我很感恩。我们永远不可能治愈被绑住的脚。我们必须在她们开始给女孩们绑脚之前就阻止她们。"

是的，在这个演讲者说的那些话里面，有很多好的启发。

突然，人群里出现了一点波澜，接着是一

阵惊讶的欢呼声。

"呀！"当演讲者说的那些图景被描绘在纸上的时候，人们惊叹地喊了起来。

"你们都听得很耐心。"这个演讲者继续说道，"现在我将给你们看一些东西，它们将让你们所有人都感兴趣。你们觉得，这是一个神奇的灯笼吗？其实并不是。它是一个小型的电影院。你只要观看一会儿，就会为你所见到的东西而惊讶！"

他的助手转动着把手，接着，一幅接一幅的田野、奶牛和马匹的图片出现了。

"看哪！看哪！"一个人喊起来，"那匹马在动。它拉着一车的干草在往前走！太神奇了！"

另一个年轻人喊起来："那个人是在挤牛的奶吗？噢，没错，他就是在挤奶！为什么可以这样？我一直以为牛是用来犁地和拉车的，它们只会将奶喂给小牛！看，那个小桶几乎装满了！这肯定是一些新玩意儿！等我回家，我也试试，看看我的牛是不是可以挤出牛奶！"

"那究竟是什么？"一个老农民大声地说，"那是小麦吗？看那些穿进麦田里的孩子！他们消失了！麦子能长到那样高吗？我种了四十多年的麦子，从来没有长到超过那个高度的一半！那些麦穗好结实、好饱满！"

"善良的人们，"这位演讲者说道，"你们都能种出这么好、这么多的麦子，前提是你们必须改善犁地、播种以及灌溉土地的方法，你们可以联合起来筹集钱去购买新机器！"

这个晚上，人们对这位演讲者所说的，关于他们能够从田地里得到不曾梦想过的丰收，表现出强烈的兴趣。他们张大了嘴巴看着那些移动的图片，在他们的人生里，这是第一次看到这些图片里的东西。这样的东西，在中国真的能实现吗？

在人群中，有一个十一岁的男孩，正沉浸在所有的神奇当中，他就是甘霖。"爸爸想让我成为一名牧师。"他自言自语道，"但是为什么我不可以既成为一名牧师，又成为一个农民呢？我可以成为一名牧师，然后告诉人们关于基督耶稣的事情。同时，我也能够使我的农场收支非常好，我可以挣钱养活自己。我将来想成为一个农民牧师。"

演讲者的讲演已经结束了，人群散开了，每个人踏上了自己的路。

第二天，李先生问孩子们："你们认为那个演讲怎么样？"

"太棒了！"三个孩子喊起来，"那个人谈到爱国精神的时候，他非常真诚。他说，每一个人，年轻的，年老的，都可以做一些事情来帮助中国！"

"我很高兴你提到了这个话题，爸爸。"天喜说，"因为关于这件事我想跟你谈一谈。你知道，我快十六岁了，我一直在思考我长大后要做什么。我想成为一名医生。你不介意的，是吗？我已经思考这件事情很久了，昨天晚上那位演讲者让我明白坚信，医生将会成为我的职业。毫无疑问，女性医生是需要的，她们不仅要去帮助照顾生病的人，还要到病人家里去拜访他们。在周边的村庄里有很多孩子是盲人，那正是因为他们的妈妈在他们小的时候太不小心了！想想那些只有几个星期大就死去的孩子，也正是因为他们的妈妈不知道该怎样照顾他们！"

"你是对的。"李先生回答说，"你想要做一些事情阻止这样的情况发生，对此我很欣慰。"

这个女孩继续说道："当我还是一个小女孩时，我就对医学方面的工作很感兴趣。我相信医生这个工作也提供了一个极好的机会，可以告诉人们有关基督耶稣的事情。听了那位演讲者的演讲后，我想要更迅速地成长，那样我就能够开始工作了！"

"你打算成为一名医生，而我想成为一名老师。"天贵接上姐姐的话说道，"我没有你年龄大，天喜，但是我已经下定决心了。我会在学校里刻苦学习，然后……或许我会去天津读大学，学到更多的东西，之后，我会回来，并开设一所我自己的学校。我将在我的学校里教算术和地理，同时，我也会教女孩们很多其他课程，比如怎样照顾好她们的家庭。这些女孩将来有一天会结婚，到了那时候，她们仍然能够做很多事情来帮助中国。

"就在前几天，我读了一位天津女性的故事。这位女性已经结婚了，并且有四个孩子。但是她不仅将她的家保持得干净整洁，而且在外面做了很多事情。她做演讲，她给杂志写文章，她在她的俱乐部里工作。在她的孩子们小的时候，她在她的家里为孩子们和朋友的孩子们开办了一个幼儿园。”

"我想你将会成为一名好老师，天贵。"李先生说道，"一直以来你都很喜欢孩子。"

"我会过来检查你的学校！"天喜大笑起来，"我要看看你开了多少扇窗子。我会在晚上的时候到宿舍周围转转，看看有多少女孩在她们睡觉的时候，将被子盖住自己的头！我想知道，有没有人因为他们睡觉的方式而窒息！"

"只要你想，就可以过来检查！"天贵回答说。

天贵继续说道："我们不仅需要普通学校，我们也需要为那些盲孩子和聋哑孩子建立特殊学校。我曾听说，一些盲孩子可以被教会用他们的手去做非常聪明的事情。帮助他们快乐而积极地成长，而不是让他们变成乞丐，这是一件多么好的事啊！"

"经过我们医生医治以后，我希望这儿将不会有这么多盲孩子。"天喜接着说。

"我的学校将会成为一个快乐的地方。"天贵继续说道，"一直学习却没有玩耍，这对于任何人来说都是不好的。我们不会一直学习书本知识，我们也会有激烈的、刺激的游戏，比如棒球和篮球，这样孩子们才能健康地成长。"

"你们两个女孩看起来都非常兴奋，"李先生说，"没有什么比在你们年轻的时候拥有自己的梦想更好的事情了！时间过得真快！看起来也就是短短的一段日子之前，你们还都是小孩子，但是现在你们都真正地长大了！"

"那么，甘霖你想说点什么吗？"李先生问道，此时他正自豪地看着他的儿子。

"长大了我想在家里从事农业。"甘霖回答

说，"我的农场将会是这周围最好的。你们知道，我已经学习了一些关于土壤和昆虫的知识，以及诸如此类的相关知识。而且，在学校的菜园里，我的印度玉米和土豆长得多么好。另外，我想有大机器，就像那个演讲者展示给我们看的那些，可以在田里工作，可以收割、除草、捆绑，等等。"

"我原以为我的儿子将成为一名牧师。"李先生说道，此时他的眼睛里闪着一种光，"你改变主意了吗？"

"不完全是这样。"甘霖回答说，"为什么我不能同时从事这两件工作呢？我可以雇佣一些人来帮助我打理农场，这样，我就有时间从事布道工作了。我们没有足够的财力给每一个小村庄请一位牧师，只能自己去布道，那么，当我们一边做着日常工作的时候，就可以用这样的方式去做更多的事情。"

"是的，"李先生说道，"另外，也许你可以开办一所学校，然后教村子里的孩子们一些东西。"

　　"当然。"甘霖回答说。

　　"还有，我们不需要固守在我们自己的农场里。在实现宏伟计划的时候，我们可以和其他的农民联合起来。"这个男孩接着说道，"我确信，我们可以做一些事情，赶走那些使我们的国家如此贫困的洪灾和饥荒。"

　　李先生说："我已经研究了一些这方面的知识。例如，斜坡和树木能带来雨水。当然了，我们不能在这片广阔、平坦、干燥的平原上造出斜坡，但是我们可以种树。树木长大后，将会带给我们极度需要的雨水。还有，如果能一直合理地修缮那些河坝的话，洪水暴发的几率也会大大降低。甘霖，你要学习的东西很多，我对你所说的有一点是同意的，那就是农民在很多方面都能够发挥很大的作用，既能传教又能教授知识的农民，可以成为这个国家一股非常强大的力量。"

男孩笑了。他和他的爸爸是非常好的朋友，他们经常一起讨论事情。

"我们已经谈论了很长时间了。"天喜说。

"平安来了。"李先生喊起来，"平安，你明天就要离开我们去天津的大机械工厂工作了。我们会想念你的。你的新生活肯定会充满神奇和快乐，但是你要知道，那里同样会有很多诱惑。坚持你的信仰，这样你就不会感到害怕。祝你在新工作上一切顺利！"

"谢谢你，叔叔。"这个年轻人回答说，"就像你说的，我期待着我的新生活和新工作。我会想念你们，一直以来你们都对我照顾有加，帮了我很多，这些不是我能用言语表达的。和你们在一起，我一直都非常开心。也许以后的某一天，你们会到天津来。甘霖如果看到那些船，会多么喜欢啊！"

"我们会过去看你的。"李太太说，"到时候你得带我们看看城市的风景。"

"现在，"李先生说道，"因为这是平安和我们在一起的最后一天，你们觉得去大运河上享受一顿船上野餐怎么样？"

"噢，太棒了！"他们都喊起来。

结束语　从作者到读者

一直跟着我关注李氏家族命运的人们，也许你们当中的一些人，会想去拜访他们。现在，如果你恰好可以去拜访他们，就像一个真正的中国客人那样，那么你应该穿过平原旅行到他们的镇子，当然，不是在一辆外国的火车里，而是在一辆真正的中国马车里。但是在你下定决心这样做之前，我认为你应该知道那些"快乐的人或事情"，那些事情也将因此而成为你的。幸运的是，中国北方的传教士中的一位，1900年之前生活在天津，并且经常以这样的方式旅行的乔纳森·利思牧师，已经给我们留下了一段描述，那段描述比我能做的所有事情都更好。

我确信，如果今天他还活着，他将会说："噢，是的，把这些告诉他们！"他一直是男孩和女孩们的一个快乐的朋友。下面是他所写的东西。另外，还有一些素描可以帮助你——如果你真的拜访了表哥平安、甘霖和他的姐姐们——更好地看到哪些快乐将会发生。

这辆车既没有门，也没有弹簧，

王先生坐在车辕上，歌唱，

为的是鼓舞他的骡子——

这只在直隶平原上被养育的，

高高的骨瘦如柴的牲畜。

这个领头者优雅地摇摆着它的尾巴，

时而踢着脚，时而踏着它的排泄物的痕迹，

沿着直隶的这条道路，

以每小时四英里的速度持续前进。

运河人家

你试着登上并进入车里，

越过王先生宽广的后背，

然后看见那也许是三英尺的干净的蓝色天空，

但那终究不是直隶。

从车里爬出来，开阔你的视野，

你发现土地披上了她最具泥土气息的色彩，

于是，不久之后你也充满了泥土的气息，

就像在直隶的所有其他的东西。

在直隶冬天的日子里，

镇子里的田野，牛，马，

城里的文化人，村子里的乡下人，

所有的都蒙上一种不干净的阴沉的灰色。

　　　　　结束语　从作者到读者

将对某种审美类型的所有希望都抛到身后，

那会是最好的，

在直隶平原上，

你将发现眼睛，耳朵，或者鼻子的小小快乐。

在直隶，不要去寻找湖水，

或是泛起涟漪的小河，或是巨大的树，

或是树木密集的小山，或是香甜的野花，

或是任何你的艺术家的感觉渴望的东西。

如果少得可怜的猪肉，或是变坏的鸡蛋，

或是大豆做成的豆腐，

可以适合你的口味，

那么在直隶的任何一个小旅馆里，

他们将会匆忙地提供给你一顿饭食。

运河人家

你可能有机会碰到，

用牛皮做的沾满了油的盘子，

或是在直隶的一些井里抓到的骨瘦如柴的鱼，

当然如果你也是那么希望的话。

当夜幕降临，你的胡子被冻住，

你不能说话，你害怕打喷嚏，

你不得不走路，

以使你的膝盖不会变得越来越僵硬。

最后，在饥饿的、恶劣的情况下，

你太累了，累到几乎不能自己洗脸，

你渴望任何在直隶你能找到的，

可以蹒跚着到达的地方。

在直隶的这样一个小房子里，
那儿几乎没有放置什么家具，
你能看到泥墙，屋顶，地板，
但在这样的一个房子里，
你常常不能找到一扇门。

你在直隶所停留的地方，
那黑色的墙上挂着两卷旧画轴，
纸糊的窗户上满是洞，
造访者大量地进入。

当你的晚饭做好了，
你发现，两把椅子腿上的油漆已经褪去，
一张油腻的桌子，一张炕——
这就是你在直隶的房间。

夏天，你能找到其他的快乐，

你的长沙发变成了一个可以捉迷藏的地方，

在那里，老鼠和其他的昆虫大量存在，并玩耍着，

这些就是直隶本来的固有的模样。

　　　　　　　结束语　从作者到读者

中国图景

图书在版编目(CIP)数据

运河人家/〔英〕米范威·布莱恩特（Myfanwy Bryant）著；
周舒艺译.—深圳：海天出版社，2018.1
　（寻找中国/李辉主编）
　ISBN 978-7-5507-2220-0

Ⅰ.①运… Ⅱ.①米… ②周… Ⅲ.①游记—作品集
—英国—现代 Ⅳ.①I561.65

中国版本图书馆CIP数据核字(2017)第302651号

运河人家
YUNHE RENJIA

出 品 人	聂雄前
出版策划	张小娟
责任编辑	曾韬荔
责任技编	蔡梅琴
装帧设计	自留地　T: 186 0362 9319　E: 9186790d6@qq.com

出版发行	海天出版社
地　　址	深圳市彩田南路海天综合大厦　（518033）
网　　址	www.htph.com.cn
订购电话	0755-83460397(批发)　83460239(邮购)
排版制作	深圳市龙墨文化传播有限公司（电话：0755-83461000）
印　　刷	深圳市新联美术印刷有限公司
开　　本	787mm×1092mm　1/32
印　　张	5.5
字　　数	70千
版　　次	2018年1月第1版
印　　次	2018年1月第1次
定　　价	36.00元

上架建议：人文历史·游记

ISBN 978-7-5507-2220-0

更多精彩，请关注
海天出版社微信公众号

9 787550 722200 >

定价：36.00元